L. VIELJEUX

—

DE
LA ROCHELLE
AU
CAMEROUN

—

LA ROCHELLE   PARIS
F. PIJOLLET   SOCIÉTÉ D'ÉDITIONS
Libraire-Editeur   Géographiques, Maritimes et Coloniales
28, QUAI DUPERRÉ   17, RUE JACOB

1925

DE LA ROCHELLE

AU CAMEROUN

L. VIELJEUX

DE

LA ROCHELLE

AU

CAMEROUN

La Rochelle
F. PIJOLLET
Libraire-Editeur
28, Quai Duperré

Paris
Société d'Editions
Géographiques, Maritimes et Coloniales
17, Rue Jacob

1925

On nous a réellement bien mal appris la géographie.

Le Français a beau avoir passé dix ou douze ans sur les bancs des lycées, avoir affronté de nombreux examens, il en arrive à rougir de son ignorance en constatant les nombreuses lacunes de ses connaissances géographiques.

A ne considérer que le continent le plus près de nous, l'Afrique, il n'y a peut-être pas un Français sur cent, peut-être même sur mille, qui ait, à son sujet, une opinion conforme à la réalité.

Si c'était là seulement le lot de ceux dont les cheveux blanchissent, on pourrait passer condamnation. Il n'en est rien, hélas! car ceux venus au monde trente ans plus tard n'ont pas été beaucoup mieux instruits. Nous ignorons presque tout des possibilités économiques de régions où les Anglais, les Hollandais, les Américains et les autres ont édifié et continuent à édifier les fortunes et les entreprises les plus formidables, pour le plus grand profit de leurs nations respectives.

Puissent ces quelques pages, résumé de simples notes de voyage écrites au jour le jour, montrer à quelques-uns les choses sous un jour véritable!

On n'a rien fait d'extraordinaire, si l'on a, fût-ce à soixante ans, entrepris un voyage et excursionné sous l'Equateur. Il y fait moins chaud que certains jours d'été sous le ciel de France. D'ailleurs, contre le soleil, on a le casque colonial, avec lequel on ne craint rien.

Le climat lui-même n'est pas très redoutable, si l'on sait y veiller, et, quant aux indigènes, si sauvages soient-ils, et aux bêtes féroces, ce sont aussi des risques inexistants. Les fauves, les grands serpents eux-mêmes se sauvent à l'approche de l'homme; seuls, les infiniment petits sont des adversaires à ne pas négliger, encore qu'on ait exagéré leur danger.

La plupart d'entre nous ne connaissent pas ces particularités, en sorte qu'on se fait un monde de choses qui, vues de près, apparaissent sous un jour autrement rassurant et facile.

L'Alma Mater peut, à ce sujet, se frapper la poitrine, car l'essor de la France eût peut-être été tout différent si, mieux instruits, nous avions su ce que d'autres savaient, si nous avions connu les richesses des régions qui ne demandent qu'à être exploitées, si on ne nous avait pas fait un épouvantail de la vie coloniale et représenté certaines contrées comme inhabitables sous un soleil de feu, qui n'a jamais existé, et au milieu de dangers ridiculement amplifiés.

La France compte déjà au loin d'excellents états-majors commerciaux, pleins d'initiative et d'énergie, dignes des plus grands éloges. Ils seraient capables de produire beaucoup, s'ils étaient plus encouragés, mieux soutenus.

A ces bons Français, il manque des munitions, c'est-à-dire de ces capitaux que la France a si souvent gaspillés en prêts divers à toutes les nations du monde; il manque aussi la faveur du public.

Le colonial, grand ou petit, se rend compte qu'il n'est pas compris, si même il n'est pas tenu en médiocre estime. De cela il souffre, et ce facteur psychologique a une valeur qu'on ne saurait méconnaître.

Pour que la France soit vraiment grande, il faut que ses pensées, ses ressources, financières et autres, se portent davantage vers tout ce qui touche à sa marine marchande et à son domaine colonial, l'une et l'autre depuis trop longtemps négligés.

L. V.

EN MER

16 octobre 1924.

Le paquebot a largué ses amarres. Du bord et du quai, s'échangent les derniers adieux; chapeaux, mouchoirs, mains s'agitent; la sirène bruyante met fin aux recommandations enfantines ou superflues, toujours les mêmes, que se font réciproquement ceux qui restent comme ceux qui s'en vont.

Lentement, l'*Europe,* paquebot à deux hélices de la Compagnie des Chargeurs-Réunis, s'éloigne des rives de France pour cingler vers les côtes d'Afrique. Dans huit jours, il fera sa première escale, Dakar, pour quitter ensuite le Sénégal à destination de rades ou de ports plus près de l'Equateur.

Le bateau est archi-plein. Un avis sur la glace du grand escalier informe les passagers qu'en raison du trop grand nombre de convives, les repas seront pris en deux séries, à une heure d'intervalle, et que les familles et les enfants feront partie du premier service.

Exceptionnellement, peu d'étrangers à bord, on les comptera facilement. Autant qu'un premier examen peut permettre de s'en rendre compte, tous les passagers voyagent pour leurs affaires ou pour rejoindre leur poste, s'ils sont fonctionnaires ou militaires. Personne ne paraît être là pour son plaisir ou par désœuvrement. Les femmes, les enfants vont rejoindre les chefs de famille, après avoir passé en France les mauvais mois coloniaux.

L'aspect général ne rappelle en rien la société des paquebots voguant vers les deux Amériques; là c'est l'élégance, le luxe et les plaisirs; ici la note est toute différente et d'une allure assez simple et sérieuse.

L'Afrique Occidentale ou Equatoriale n'a pas de milliardaires ou de brillantes mondaines à nous envoyer; son climat, ses attractions n'attirent encore personne.

17 octobre.

A l'aube, le vapeur a stoppé pour laisser accoster un petit voilier. On s'est mis aussitôt à charger des caisses apportées par le petit caboteur. De quoi s'agit-il donc? Ferait-on de la contrebande? Non, ce sont des explosifs que les règlements interdisent de charger dans les ports. Plusieurs milliers de kilos de dynamite ou de cheddite sont mis à bord pour les grands travaux de chemin de fer et autres entreprises aux Colonies. « Si nous sautons, explique doucement un convive, pendant le petit déjeuner, nous n'aurons pas le temps de nous en apercevoir, car, avec la quantité mise à bord, tout sera mis en bouillie en un clin d'œil... » A tout prendre, cela vaudrait mieux qu'un naufrage.

Journée grise et froide; hier c'était presque l'été, on croirait aujourd'hui l'hiver revenu. La mer, couleur ardoise, moutonne légèrement; l'*Europe*, cependant, n'oscille qu'avec modération. Peu de monde sur le pont; seuls, quelques passagers se livrent à des heures de footing, entassant des kilomètres dans une promenade circulaire interminable. Le gramophone du grand salon est

mis à contribution; on a recours à la bibliothè-
que, une jeune femme se met au piano et joue,
assez mal d'ailleurs..., *La Prière d'une Vierge...*
Les enfants, assez nombreux, se montrent jusqu'à
présent très supportables. Est-ce le temps maus-
sade, froid et gris, est-ce le souvenir des absents,
est-ce d'autres préoccupations, l'ambiance est
triste, l'animation réduite au minimum. Par contre, journée propice au travail et à l'étude des
nombreuses questions à préparer avant d'arriver
à destination.

Un petit entretien avec le commissaire du bord
permet de connaître approximativement la qualité des passagers. La moitié environ comprend
des colons, des commerçants, des employés; l'autre moitié se compose de militaires de tous rangs,
de fonctionnaires de tous ordres et leurs familles.
Autrefois, ces derniers constituaient près de 80 %
des passagers, il y a donc progrès sensible.

Une mission d'inspecteurs coloniaux se ren-
dant au Congo sera, pour se documenter, un précieux appoint technique et intellectuel.

La journée s'écoule rapidement, malgré le
temps.

18 octobre.

Une des questions principales à bord, sinon la principale préoccupation de tous, c'est le temps. Le fameux et pénible mal de mer épargne un si petit nombre que la marche du baromètre ne laisse personne indifférent.

Ce matin comme hier, ciel gris, mer couleur d'encre très légèrement agitée, mais ce brave paquebot continue à se comporter fort honnêtement, son roulis doux et lent berce plutôt qu'il ne fatigue.

Vers le milieu du jour cependant, un chaud soleil disperse les nuages et le pont aussitôt de se peupler de passagers, surtout de passagères, heureuses de se montrer et de quitter un peu les minuscules cabines dont il faut savoir se contenter. L'animation renaît, le soleil décidément a bien vite fait de tout transformer. Mais l'apparition solaire est de courte durée, et tout, bientôt, choses et gens, retourne au gris. Deux ou trois vapeurs aperçus au loin, quelques marsouins évoluant tout près viennent seuls faire diversion, et tout rentre dans le calme. Les uns écrivent ou travaillent, d'autres lisent ou commencent de longues causeries, des promeneurs infatigables accumulent des kilomètres en arpentant sans arrêt le pont du navire.

Chacun passe à son tour devant le tableau des dépêches que la T. S. F. transmet régulièrement : cours de la Bourse, discours des ministres, funérailles de l'inimitable Anatole France, lutte électorale en Angleterre, funeste campagne des Espagnols au Maroc, extraits des grands journaux parisiens, tout y passe, et l'on se prend à regretter une si belle invention qui ne peut vous laisser vivre quelques jours tranquilles entre ciel et eau, loin des agitations d'un monde surmené.

La grande distraction consiste dans les repas, toujours trop copieux.

Propos de table les plus divers, mais roulant le plus souvent sur les Colonies et rappelant parfois les repas de chasseurs. Chacun a son histoire à raconter, car beaucoup ont parcouru les cinq parties du monde : Calédonie, Antilles, Inde, Madagascar, Congo, Tonkin, Niger, Abyssinie. Crocodiles, panthères, moustiques, paludisme, aventures de toutes sortes, souvent bien extraordinaires et défiant la crédulité des auditeurs..., les sujets sont inépuisables.

19 octobre.

Enfin, le soleil s'est montré une partie de la journée, mais le temps reste frais. Les manteaux sont toujours nécessaires, bien que nous longions à grande distance les côtes portugaises. Plus de cent kilomètres nous en séparent. La route suivie par le navire est en direction des îles Canaries; aussi pas le moindre vapeur aperçu à l'horizon. Ceux très nombreux venus de Gibraltar ou allant en Méditerranée sont passés très loin à bâbord de l'*Europe* et hors de vue.

A cause du soleil, sans doute, sensiblement plus d'animation à bord. Sur le pont des secondes, jeunes gens et jeunes filles sautent gaiement à la corde, malgré un peu de roulis, cause de quelques malaises.

Le petit incident du jour a consisté en un exercice de sauvetage. Avertis par des affiches, tous les passagers et l'équipage, au signal donné par la sirène, ont pris position en face des canots qui leur sont affectés. Chacun a revêtu sa ceinture de sauvetage et répondu à l'appel. Devant chaque groupe, le second capitaine a donné toutes les explications et fait toutes les recommandations nécessaires, et, une demi-heure après, le paquebot avait repris son aspect habituel.

Sur environ 400 passagers, une dizaine d'étrangers seulement : un négociant hollandais, un missionnaire protestant américain qui retourne pour la quatrième fois au Cameroun, où sa mission est installée depuis 1885, deux jeunes missionnaires protestants suisses qui vont joindre les missions françaises, deux ou trois commerçants anglais, enfin cinq ou six Syriens ou Libanais voyageant en troisième classe.

Plus on approfondit les questions coloniales en interrogeant les nombreux passagers qui ont passé leur vie sous les tropiques, ou du moins ceux qui se sont donné la peine de réfléchir aux questions générales et aux principaux problèmes coloniaux, plus on arrive à la même conclusion. Deux grands problèmes priment tous les autres : celui de l'état sanitaire des indigènes et celui des travaux publics.

20 octobre.

Aujourd'hui encore, temps gris qui s'est éclairci et un peu réchauffé vers le soir. On s'est dégelé aussi moralement, car, ce soir, on danse à bord, en seconde comme en première. Les passagers de seconde sont d'ailleurs nettement supérieurs à ceux de première comme entrain et comme ressources ; ils sont aussi plus jeunes. Tandis que les premières se contentent d'un gramophone comme orchestre, les passagers des secondes ont organisé une sorte de jazz-band très gai, qui anime les danseurs. Aussi, le public non dansant, qui compose la très grosse majorité, se porte-t-il de préférence vers le jazz-band. Cette gaîté sur cette mer profonde, loin de tout, fait penser au sort du *Titanic* : on y dansait aussi.

Peu à peu des relations s'ébauchent, et tel qui se croyait voyageur anonyme et inconnu se trouve être parfaitement repéré. Le T. S. F. du bord est rochelais, un sous-intendant colonial est de Rochefort, un marin est aussi rochelais; ainsi trois Charentais se signalent au cours d'un après-midi, peut-être y en a-t-il d'autres à bord.

Les questions coloniales, si nombreuses et si diverses, continuent à faire le fond des entretiens. Le colonial se livre volontiers, il répond à toutes les questions sans se lasser, sans arrière-pensée. Beaucoup, souvent par leur faute, succombent en route ou vieillissent avant l'heure; nombreux aussi ceux qui doivent renoncer aux

joies de famille ou qui en connaissent les charges plus que les douceurs..., mais la vie métro-
politaine n'a-t-elle pas aussi ses revers.

Pour échapper à certains écueils qui attendent
le colonial, qu'il soit fonctionnaire, militaire,
commerçant ou colon, l'homme jeune comme
l'homme mûr doivent être, moralement comme
physiquement, vigoureusement trempés. Les
sujets moyens devraient s'abstenir de courir ces
risques; peut-être cette façon d'envisager la question n'a-t-elle pas été ou n'est-elle pas assez mise
en pratique, alors que ce devrait être la première
règle à observer.

21 octobre.

Enfin, aujourd'hui, s'est levée la première
belle journée. Ciel bleu clair, mer bleue foncée,
soleil légèrement tamisé par quelques nuages flo-
conneux, on se croirait à La Rochelle par un des
plus beaux jours du début de juin. La brise,
encore fraîche, oblige à se vêtir presque comme
au départ. De nombreux passagers cependant,
un peu en avance, ont arboré des tenues estivales.
Il fait très beau, le voisinage des îles Canaries,
que l'on va traverser, se fait heureusement sentir.

En dehors des 5oo êtres humains que transporte l'*Europe*, d'autres passagers à deux et quatre pattes ont trouvé place, presque tous à destination du Congo. Ce sont d'abord de superbes gallinacés expédiés par un éleveur de la Haute-Garonne. Placés dans plusieurs cages fort bien confectionnées, ces spécimens choisis vont là-bas propager les meilleures espèces de France : Parquets de belles poules noires, de belles poules blanches du Mans; jolis lots de pintades blanches et de pintades grises; variétés de lapins, etc. Sur chaque cage, une étiquette très apparente, en lettres rouges, attire le regard :

« Nous souffrons en voyage, donnez-nous à « boire et à manger »,

et ces petits voyageurs — est-ce à cause de l'étiquette? — ne manquent véritablement de rien. Les soins qu'ils reçoivent profitent même à trois petits compagnons, une bergeronnette et deux pinsons imprudemment partis avec le navire et qui seraient depuis longtemps morts de soif, sans ce secours inattendu.

Une dizaine de chiens, et quels chiens! se trouvent aussi parqués dans un coin et paraissent ne pas apprécier du tout la traversée. Tous aussi tristes que laids, mélanges et croisements des races les plus diverses, ils ont l'air véritablement malheureux.

Une des conversations du jour a roulé sur les missions, dont le rôle aux colonies dépasse de beaucoup ce que l'on croit généralement. Une fois de plus, il a fallu constater combien, en toutes choses, la vérité a de la peine à se faire jour, combien les opinions des hommes sont divergentes. Les uns contestaient l'effet bienfaisant des missions, les autres leur reprochaient de préparer pour plus tard le séparatisme; les uns donnaient un avantage marqué aux résultats obtenus par les missions protestantes, alors que d'autres prônaient les missions catholiques... qui croire?... Fait peu connu en France : l'Afrique est couverte de missions provenant de nations n'ayant aucune colonie en Afrique, tel est le cas de la Suède, de la Norvège et surtout des Etats-Unis.

22 octobre.

Très belle journée; poussé par les vents alizés favorables, l'*Europe* a fait ses 12 nœuds et s'est fort bien comporté, malgré l'assez forte houle coutumière de la zone traversée. De bonne heure, ce matin, le navire a franchi l'archipel des îles Canaries, que, seuls, ont pu contempler les quelques passagers tôt levés. Vision bien insuffisante et fugitive gênée par de multiples nuages qu'un soleil naissant sortant de l'onde n'arrivait pas à percer.

Trois tout petits détails marquent cette journée :

1° L'absorption des premiers cachets de quinine, car c'est, au dire de tous les compétents, le moment de commencer à se « quininer », si l'on veut éviter la fièvre;

2° L'apparition des premiers casques, lesquels seront en quelque sorte obligatoires dans **deux** jours;

3° L'installation des « violons », autrement **dit** des cadres à roulis sur les tables pour arrêter une hécatombe de bouteilles déjà commencée.

Malgré cela, magnifique journée. Le soir, splendide coucher de soleil. Hier, c'étaient des teintes vertes et roses; aujourd'hui, vers l'Equateur, s'étendaient de longs nuages embrasés d'un rouge flamboyant, tandis que, vers le nord, c'était de lilas clair que se teintait le ciel.

Tout le monde à bord n'est décidément pas en route par devoir professionnel; il y a au moins une exception. Cette exception est une dame; par courtoisie, ne lui fixons pas d'âge, il suffira de signaler qu'elle est pourvue d'une fort belle chevelure blanche, qu'elle est aimable et distinguée et porte sans effort les années qui lui appartiennent. C'est une Française qui, pour son plaisir, va faire un tour à Tombouctou. Elle est seule et ne s'est préoccupée ni de recommandations, ni de renseignements; elle ne s'en fait pas plus que si elle était partie pour Nice ou pour Biarritz... Il n'y a donc pas que les Anglaises qui voyagent !

23 octobre.

Les jours se suivent sans se ressembler. Aujourd'hui, il fait gris sur toute la ligne : le ciel, la mer, le moral des passagers, tout est gris. Pas de jeux de plein air, pas de musique, pas de cris d'enfants, tout paraît morne et triste; décidément, le soleil est bien un animateur sans pareil; lui disparu, tout change; les casques sont cependant restés sur les têtes, car, même caché, l'astre de lumière est dangereux par ses rayons violets invisibles qui, traversant les nuages, frappent souvent d'insolation les imprudents, — chacun de citer des exemples à l'appui. Ce phénomène, d'ailleurs, demeure encore inexpliqué.

Eclaircie, cependant, sur le soir, amenant la plus inattendue des compensations, un des plus ravissants couchers de soleil qu'il soit possible d'imaginer. Fantastiques nuages mauves, zébrés de rouge feu, surplombant notre tête, tandis que, à l'horizon, vers l'Equateur, se succèdent, pour se confondre ensuite, de vastes nuées vertes et oranges, aux formes allongées et trop tôt disparues. Les plus indifférents sont venus admirer ce spectacle.

Toujours peu de rencontres sur la route, encore une journée passée sans apercevoir une ombre à l'horizon. La nuit dernière, quelques feux à bâbord, sans doute des chalutiers venus sur la côte africaine; ce soir, à la nuit également, un paquebot tous feux allumés est aperçu très loin au large.

24 octobre.

Belle journée à soleil mitigé, toujours bonne brise de l'arrière. On sera à Dakar demain matin, au lever du jour. Pas rencontré la moindre embarcation de toute la journée. Comment s'en étonner si l'on songe que l'horizon d'un navire ne dépasse pas sensiblement une quinzaine de kilomètres !

L'incident de la journée a été l'apparition de très nombreux poissons volants; par un, par deux ou trois, par bandes nombreuses, ils se sont livrés à toutes sortes d'évolutions autour du navire, franchissant souvent et par de brusques ricochets des centaines de mètres. Spectacle toujours amusant des mers tropicales, donnant tantôt l'illusion d'alouettes de mer, tantôt de jolis martins-pêcheurs, suivant l'éclairement. Vus de près, on dirait d'énormes sardines ou de moyens maquereaux, dont ils ont les teintes vertes et bleues sur fond gris blanc. Leurs ailes rappellent assez les ailes cartilagineuses de la chauve-souris.

Ce soir encore, ravissant coucher de soleil rose et bleu, mais moins grandiose, moins varié, moins lumineux que les jours précédents.

A 21 heures, grande agitation à bord, un T. S. F. de Dakar fait connaître les affectations de la plupart des fonctionnaires coloniaux passagers sur l'*Europe*. Bien des anxieux sont enfin fixés sur leur sort; la satisfaction paraît générale, la chose vaut la peine d'être notée.

L'ordre est décidément une chose bien précieuse, quand on réfléchit qu'on lui doit cette vie tranquille, cette sécurité, cette harmonie qui règne, sans gène pour personne, sur cette toute petite surface flottante, où cinq cents personnes se trouvent rassemblées.

Que d'éléments divers dans tous ces passagers, que de surprises ou de constatations révéleraient certains états civils ! Que de remarques à faire, d'indices à noter, quel amusant et fertile champ d'étude pour un observateur quelque peu psychologue? Que d'intrigues. de romans ébauchés, de petits clans formés!... Les commandants de paquebots doivent, sans doute, sur leurs vieux jours, devenir d'indulgents philosophes, ajoutant cette qualité à beaucoup d'autres. Combien, notamment, ils savent toujours avoir le sourire, se comportant en maîtres de maisons aimables et accueillants. préoccupés de mettre à l'aise tous leurs hôtes d'un jour, dont ils se font presque toujours des amis !

EN ESCALES

25 octobre.

En pleine nuit, ce matin, l'*Europe* est arrivé en rade de Dakar. Ces arrivées de nuit dans les ports, dans le silence, quand tout dort et que, cependant, partout brillent, sur de grands fronts de mer, de multiples lumières, ces arrivées ont bien leur charme.

Quelques passagers seulement s'étaient levés, à l'arrêt des hélices, pour ne pas manquer la manœuvre et assister à l'accostage.

Lentement, prudemment, car d'autres vapeurs gênent l'opération, le paquebot entre, évite et prend sa place à quai; presque aussitôt le jour paraît. Cette rapidité de l'arrivée du jour ou de la nuit étonne véritablement ceux qui y assistent pour les premières fois. La sirène du vapeur, musique bien connue en ce point de l'Océan (escale obligatoire pour compléter les soutes), avait été entendue et bien vite comprise, car, déjà, porteurs, commissionnaires, voitures et autos s'offrent aux passagers. Chose rare, tous le font avec discrétion, et l'on est agréablement impressionné par l'accueil avenant des indigènes, noirs de toutes nuances, aux gandourahs les plus extravagantes. Toutes les couleurs de l'arc-en-ciel et quelques autres supplémentaires se sont donné rendez-vous dans ce bariolage de vête-ments. Les femmes, naturellement, dépassent encore les hommes en fantaisies dans le choix des plus voyantes couleurs, des dessins des étoffes les plus bizarres.

Comme partout en Afrique, une visite au mar-ché s'impose à tous les amoureux de couleur locale, visite à faire de bonne heure, car on est matinal, et pour cause, sous les tropiques.

L'heure d'accostage facilitait les choses. Très animé, très curieux, en effet, ce marché, très bruyant surtout et au surplus très gai.

Rangées en cercles concentriques, les ven-deuses, négresses de tous âges, mais générale-ment jeunes, ont toutes le sourire et vous interpellent en riant. Elles rient entre elles, riant si on achète et riant aussi si on n'achète pas; on dirait de grands enfants vendant pour s'amuser, pour rire. Très curieuse aussi la façon d'étaler la marchandise : petits paquets de quinze haricots verts, de trois poireaux de la grosseur d'un porte-plume, de huit ou dix tomates à peine grosses comme des cerises, tout cela vous a l'air d'un marché de poupées, et non d'un marché véritable. Hélas ! nous dira une charmante maîtresse de maison, ces petits tas de légumes sont très sérieux et très chers, ils sont le cauchemar de toutes les ménagères du Sénégal. Les légumes à Dakar sont objets de grand luxe, nul ne peut s'en offrir à discrétion. L'indigène, paresseux par nature, ne veut pas travailler une terre qui, sans travail, le nourrit, l'enrichit même depuis la grande utilisation des arachides.

L'arachide est la reine du pays. A peine gratte-t-on le sol à trois ou quatre centimètres de profondeur pour y déposer la graine, et c'est tout; trois ou quatre mois après, on récolte sans effort et sans peine.

L'arachide, vulgairement « cacahuète », fait couler à flots les millions sur ce coin de l'Afrique, le Sénégal en exportant des centaines de mille tonnes. Petite plante basse à petites feuilles, elle s'arrache aussi facilement qu'elle se sème, et dix, douze, quinze graines restent attachées à la racine, qui est à fleur de terre. Récolte facile et rémunératrice s'il en fût. Ni labours, ni engrais et tout s'utilise, le feuillage de la plante constituant de son côté un excellent fourrage.

Grâce surtout aux arachides, grâce aussi à sa situation comme grand port de charbonnage sur une des principales routes maritimes, Dakar est rapidement devenu une importante cité africaine.

Une douzaine de grands vapeurs, dont un autre paquebot français, s'y trouvent aux côtés de l'*Europe*. Les paquebots, qui arrivent presque journellement et souvent plusieurs à la fois, assurent à Dakar une animation permanente de touristes. Les passagers ne sauraient manquer de descendre à terre; ce sont eux, — et probablement eux seuls, — qui font vivre les nombreuses automobiles et les voitures aux deux petits chevaux maigres qui circulent en tous sens.

Le bord, d'ailleurs, est presque intenable pendant l'opération du charbonnage à laquelle se livrent la plupart des navires.

Les élévateurs à charbon de soutes, bien connus, grands chalands d'un millier de tonnes pourvus de trois ou quatre élévateurs qu'on aperçoit de loin, assurent des opérations rapides. Mais, s'ils permettent une mise en soutes de cent tonnes à l'heure, ils gratifient aussi le navire et ses abords d'un nuage de fine poussière de charbon qui pénètre partout, au grand désespoir des passagers et de l'équipage, car il y en aura pour deux jours au moins avant d'avoir rétabli l'ordre et la propreté.

Capitale administrative, militaire et commerciale de l'Afrique Occidentale Française, — l'A. O. F., comme on appelle cette région, — Dakar a un aspect plus européen que tropical. Sans doute, ses avenues, ses jardins y montrent la flore africaine, les grappes jaunes du tacoma voisinent avec la pourpre éclatante de l'ibiscus pour la plus grande joie des yeux, mais les habitations confortables et spacieuses manquent généralement de couleur locale. Ici, comme en Europe, trop de garages à auto et trop de banques; ce n'est point cela que l'on a plaisir à voir à cinq mille kilomètres de France.

Plus curieux à voir sont les centaines de vautours, nullement sauvages et dénommés ici « charognards », qui planent à faible hauteur autour de la ville et concourent, paraît-il, à son assainissement, accomplissant sans frais certains services de voirie.

- Par ailleurs, port de commerce plein d'activité, pourvu d'une magnifique cale sèche, comme il s'en trouve peu en France (220 mètres de long), Dakar s'est développé d'une façon rapide et considérable. Un médecin colonial, passager à bord, qui n'avait pas revu la ville depuis dix-huit ans, — or qu'est-ce dix-huit ans dans la vie d'une cité? — demeurait admiratif et surpris des progrès accomplis... Quelle ascension depuis le temps où l'îlot de Gorée représentait seul la résidence des Européens !

Une belle figure africaine, universellement connue et estimée, celle du gouverneur Fourneau, grand blessé de guerre, voulut bien nous accueillir, nous documenter sur les choses d'Afrique. Qu'il en soit vivement remercié ! Que soit sincèrement remercié aussi M. Jean Grenouilleau, le plus attentionné des guides et le plus averti des choses du Cameroun !

26 octobre.

Nous voici en route pour les escales. Dakar est déjà loin; demain, c'est Konakry, la Guinée

après le Sénégal. Des requins aujourd'hui ont
suivi le navire, c'est une de leurs zones. Les
baleines ne doivent point tarder à apparaître,
paraît-il. Et voilà renversées les idées d'autrefois sur ces gros cétacés, que les livres de notre
enfance donnaient comme hôtes des mers gla-
cées. Aujourd'hui, c'est aussi en plein Equateur, en face du Gabon et du Congo français,
que se fait cette pêche, où, par centaines, chaque
année, durant six ou sept mois, ces puissants
cétacés succombent, non pas sous le harpon
entraînant dans une course folle l'héroïque pêcheur, mais frappés par des engins modernes
à base d'explosifs. *Quantum mutatus !...*

Un accident à bord : un brave matelot vient
de faire une chute et, transporté à l'infirmerie,
on a dû constater qu'il s'était fracturé la cuisse.
On le laissera demain à l'hôpital de Konakry; en
attendant, le médecin lui a donné les soins nécessaires, et une quête parmi les passagers a vite
permis de lui assurer un sérieux supplément de
solde pendant son immobilisation forcée. Des
sommes sont, par la même occasion, recueillies
pour la Société Centrale des Naufragés.

La nuit venue, nouveau spectacle, surprise pour
plusieurs : la mer *phosphorescente*. On l'atten-

dait depuis les îles Canaries, mais jusque là, faute sans doute d'une température suffisante, cette distraction tropicale ne s'était pas produite.

Durant quelques milles, dans une sombre nuit sans lune et sous un ciel chargé de nuages, le sillage du navire de l'avant à l'arrière n'est qu'une frange lumineuse. Les volutes des vagues apparaissent comme formées de diamants bleus étincelants, arrachant par instant des cris d'admiration aux passagers, aux dames surtout, qui n'auraient pu rêver de plus riches parures. La mer sombre s'en trouve subitement éclairée, puis, la zone féerique franchie, tout retombe dans le noir le plus profond; ni étoiles, ni phares à l'horizon.

Une tornade se prépare, c'est la tempête de ces régions d'Afrique. Partout se ferment les hublots, car l'ouragan ne se fait pas attendre. Il est violent, rapide, mais dure peu, à peine deux ou trois heures désagréables à passer pour quelques-uns, une diversion pour les autres. Au demeurant, l'incident n'est pas sans profit, car, terminée par un orage copieux, la tornade aura, pour un temps appréciable, fait descendre fort à propos le thermomètre, et tout le monde lui pardonne.

27 octobre.

Konakry : quelques heures d'arrêt, mais au large, à 800 mètres de la côte; le mouillage a été difficile, nous sommes sur des hauts fonds. En quelques minutes, le navire est entouré de vedettes à moteur : celle de la poste, celle du service de la Santé, d'autres remorquant des chalands; un bateau-citerne apportant de l'eau douce, etc. Des amis montent à bord faire visite, chercher des nouvelles, prendre contact avec la France.

Pendant ce temps, commence le débarquement et l'embarquement des passagers et des bagages. On décharge aussi quelques marchandises et surtout la poste. Deux pleines embarcations de sacs postaux; jamais on n'aurait cru que la Guinée pût absorber un pareil volume de lettres et de journaux. Quant aux colis postaux, c'est plus considérable encore; renfermés dans d'énormes paniers d'osier bien conditionnés, ils cubent bien cinquante mètres, et ce chiffre est généralement dépassé.

Ici, pas de doute, c'est bien l'Afrique tropicale; les îles environnantes étalent leurs forêts de palmiers, où apparaissent les huttes indigènes dissimulées dans la verdure. Les noirs, qui montent les bateaux, apportent des oranges vertes et des bananes. Tout est nouveau. Seuls, sur la côte, les immenses pylônes de la T. S. F. indiquent que ce coin du monde n'a pas échappé au progrès moderne.

Les produits allemands réapparaissent ici, apportés, pour l'instant, par des bateaux français. Cependant, le paquebot poursuit ses opérations; il complète son eau potable (celle de Konakry est excellente); il ne pourra s'en procurer d'autre pendant trente jours et devra attendre son retour ici pour s'approvisionner à nouveau.

Les passagers débarquent non sans difficulté, car la houle et le courant gênent beaucoup; un d'eux tombe à la mer et peut heureusement nager un instant, ce qui le sauve. Une pénible scène de famille se passe à bord, qui indispose tous les passagers. Une jeune femme, avec deux jeunes enfants, reçoit fort mal son mari venu à sa rencontre. Gens d'un milieu social d'apparence élevé, quel drame, quel grave malentendu se cachent sous ces dehors ! Que va-t-il se dire, se passer ce ce soir sous les palmiers de la plantation, que vont penser ce deux gentils bébés roses et si joyeux, la gaîté du bateau depuis le départ de France?

Le paquebot a quitté son mouillage par un temps magnifique, par un soleil éclatant qui embellit toutes choses. C'est à regret que l'on reprend le large, que l'on voit disparaître ces rives verdoyantes, ces jolies îles aux pittoresques et riantes collines, et que l'on cesse de voir cette mer d'émeraude aux tons clairs et brillants, pour retrouver les teintes foncées et la houle du large.

Le soleil, une fois de plus, disparaît à l'horizon. C'est un des beaux moments de la journée : spectacle toujours nouveau, toujours changeant et toujours grandiose. Cela ne dure pas beaucoup plus d'un quart d'heure, mais ces minutes-là sont vraiment inappréciables. Seuls, l'alpiniste et le marin peuvent jouir d'une pareille vue et embrasser un cirque immense où tout paraît grand, illimité, les pensées comme la nature.

De noirs Mahométans, embarqués à Dakar, profitent de l'heure pour accomplir les rites musulmans. Ils sont là un petit groupe, accomplissant sans hâte leurs ablutions. La figure, les pieds, les mains lavés avec soin, ils étendent une natte et, le dos au soleil couchant, le regard tourné vers La Mecque, lèvent les bras au ciel, invoquent Allah ou Mahomet, font leurs génuflexions, par douze fois se prosternent le visage collé au sol, marmottent sans bruit des paroles incompréhensibles et prient sans souci de ceux qui les regardent. Leurs pensées sont bien loin, et rien ne saurait les distraire : ni les enfants qui courent autour d'eux, ni les cris, les chants ou la musique de cette partie animée du navire.

On comprend qu'ils se qualifient de vrais croyants. Quelle autre religion peut se targuer, en effet, de voir ses adeptes, trois fois par jour, se livrer à de pareilles dévotions?

Konakry mérite bien qu'on lui consacre les quelques heures que le navire met à embarquer un lot de marchandises : petite île déserte et aride il y a vingt ans, aujourd'hui reliée au continent par une chaussée où passent une route et un chemin de fer.

Ce coin, jadis inculte, est aujourd'hui une ville ombragée, composée de villas au milieu de jardins. C'est une des cités africaines les plus riantes, les plus fleuries, les mieux percées, qui fait le plus d'honneur à nos administrateurs coloniaux. On a fait là du bon et du joli travail.

28 octobre.

Le vent, le ciel gris et la pluie sont venus ce
matin remplacer la chaleur et la lumière de la
veille. On se croirait par temps gris de novembre sur la mer de Gascogne. Les marins ont revêtu leurs suroîts, cela détonne ici. Le pont est
presque vide, et le bateau désert; on peut tout
à son aise faire sa promenade hygiénique, non
sans avoir pris un imperméable tout comme les
gens de l'équipage.

Il paraît que la fin de la saison des pluies amène
de ces journées peu agréables. Le roulis berceur
du navire a fait place à un peu de tangage, d'apparence assez inoffensif; on pourra mesurer exac-
tement sa nocivité à l'heure des repas.

Peu à peu, cependant, le temps s'améliore,
s'éclaire et permet d'apercevoir les côtes du Libéria, la république nègre protégée des Etats-Unis.

Nous sommes, malgré tout, privés du spectacle
du soir, du coucher de soleil, que ne remplace
pas la vue des Musulmans prononçant leurs
prières.

29 octobre.

Encore pluie et vent toute la matinée; beau temps l'après-midi, ce qui a permis de revoir les côtes verdoyantes du Libéria et d'apercevoir aussi les premiers souffleurs. Ces première baleines sont passées à environ un mille du navire et, n'eût été le faisceau de jets d'eau qu'elles projettent, elles seraient restées inaperçues.

Un peu avant la tombée du jour, l'*Europe* a jeté l'ancre en face de Tabou, premier point d'escale de la Côte d'Ivoire.

Pirogues chargées d'indigènes, aussitôt d'accourir, car c'est ici que le paquebot prend une équipe de kroumen, soixante vigoureux gaillards du plus beau bronze, très différents de leurs camarades de Dakar, tous noirs d'ébène. Ce sont eux qui, maintenant, à bord et sur rades, vont remplacer l'équipage et assurer le service et les manutentions. Au retour du Congo, dans un mois environ, on les déposera ici. Ils auront épargné aux blancs les fatigues dans ces régions équatoriales, où le navire, par deux fois, changera d'hémisphère en traversant « la ligne ».

Très amusant, cet embarquement de kroumen

qui, riant, s'apostrophant, passent de leurs pirogues à bord, escaladant comme des singes le long de cordes qu'on leur jette; en quelques secondes, ils sont tous à leur poste, s'occupant aussitôt d'embarquer ou de débarquer bagages et marchandises.

L'un d'eux, de sa pirogue, est tombé à la mer; il est saisi par la houle renforcée du courant, qui semble l'emporter. Merveilleux de souplesse, d'énergie, d'ingéniosité, il fait l'admiration de tous par ses efforts désespérés jusqu'à ce qu'un canot arrive à son secours.

Pendant ce temps, hâtivement, car la nuit va venir, s'activent les opérations. La houle et le courant menacent à chaque instant de tout engloutir, c'est miracle que les pirogues ne soient pas brisées contre le bord. C'est dans une sorte de caisse, dénommée panier à salade, que montent et descendent les passagers dont l'épreuve n'est pas finie, car il faudra, dans un instant, franchir la barre sur les petites pirogues si mobiles et assez facilement chavirables.

Quand tout est terminé, commence la distribution, à ces grands enfants de kroumen, des ustensiles octroyés par la Compagnie pour le voyage : couvertures de laine pour la nuit, gamelles de campement collectives, assiettes, quarts, fourchettes et cuillères, etc. Cela prend un temps infini, car chaque objet est tourné et retourné par chacun.

Tous ces objets sont, intentionnellement sans doute, rétamés à neuf et brillants. Le choix d'une cuillère est absolument toute une affaire; pas un qui ne la considère sous tous les angles, de toutes les manières et du plus grand sérieux. Une jolie femme choisissant un bijou n'y apporterait pas plus d'attention. Heureux habitants de la Côte d'Ivoire, beaux indigènes aux couleurs de bronze, aux formes de statues, puissiez-vous longtemps encore n'avoir pas de plus grave souci que le choix d'une modeste cuillère de fer récemment étamée !

30 octobre.

Au lieu de faire escale aujourd'hui à Grand-Bassam, comme le porte l'horaire, on n'y arrivera que demain matin, avec douze heures de retard.

La lune a montré son premier croissant qui, vu la situation géographique, se trouve horizontal, les cornes vers le ciel, au lieu d'être presque vertical comme en France.

Tant que le soleil et le rapprochement de la côte l'ont permis, l'on a pu admirer la beauté de cette terre d'Afrique, dont la verdure luxuriante étonne le voyageur parcourant ces régions pour la première fois. C'est souvent sur plusieurs centaines de kilomètres de profondeur que la forêt tropicale étend ses beaux ombrages et sa puissante végétation.

Combien surprenant de voir si près de l'Equateur, au lieu de sables, de déserts ou de terres arides, cette flore variée, ces arbres centenaires d'une vigueur que ne connaît aucune de nos contrées d'Europe ! Combien paradoxal ce spectacle pour ceux qui connaissent l'aridité, la sécheresse, l'aspect désolé de tant de régions de l'Afrique du Nord !

On garde, dans toute cette région de la Côte d'Ivoire, le souvenir du Rochelais énergique et entreprenant qui, le premier, prit l'initiative d'y établir un comptoir. Le nom de Verdier est synonyme là-bas de précurseur. Depuis trente ans environ que ce Rochelais a disparu, que de richesses sont sorties de cette région, que de fortunes ont été édifiées, que de choses se sont accomplies sur cette côte africaine, dont il avait eu le pressentiment !

31 octobre.

Un peu avant six heures, par temps couvert et petite pluie persistante, l'*Europe* a mouillé à moins d'un demi-mille de Grand-Bassam. Trois grands vapeurs d'environ 8.000 tonnes de portée et aux trois quarts chargés se trouvaient déjà là, depuis plusieurs jours sans doute, ancrés très près de la côte, l'avant vers le large : un français, deux américains, ces derniers marchant au mazout. Les trois vapeurs chargeaient de grosses billes de bois grossièrement équarries et amenées en radeaux le long du bord.

Une partie importante des acajous des forêts africaines partent ainsi en Amérique, d'où ils reviennent, paraît-il, sur les marchés d'Europe sous d'autres dénominations. On ne se doute pas en France de l'activité que les Etats-Unis d'Amérique déploient dans ces régions trop délaissées par nous.

Sur une étroite étendue de terre entre la mer et une immense et profonde lagune, Grand-Bassam aligne ses factoreries au milieu d'arbres verts rappelant nos mélèzes de France et qu'on appelle « filaos ». Comme nos pins des Landes, ils poussent vite dans le sable et sont d'autant plus appréciés qu'ils fournissent d'excellent charbon de bois.

Un wharf, muni de quatre grues, s'avance dans la mer et constitue à lui seul l'outillage du port, auquel il convient d'ajouter quelques vedettes à essence et, comme toujours, de nombreuses pirogues, solides canots de dix mètres de long et larges de deux mètres environ.

Grâce au wharf, on évite ici les risques de la barre; les grues soulèvent les colis élingués dans de vastes filets et hissent les voyageurs groupés par quatre dans les fameux et peu confortables « paniers à salade ».

Non loin du wharf, débouche la rivière; mais, comme toutes celles de la côte occidentale d'Afrique, on ne la voit pas.

Détournées sans doute, au cours des siècles, par le phénomène de la barre qui a constitué des dunes de sable, toutes ces rivières arrivent à la mer, non pas normalement, mais parallèlement à la côte et, seule, du large, une ligne boueuse, jaunâtre et écumeuse signale que, là-bas, se trouve l'embouchure d'un cours d'eau ou d'un

fleuve souvent assez abondant pour teinter l'océan
à plusieurs kilomètres.

Heureusement, dans ces mers tropicales, à part
quelques orages ou tornades de courte durée et
insuffisants pour démonter la mer, les tempêtes
sont inconnues; cette situation privilégiée com-
pense l'absence de ports et permet des opérations
maritimes d'une importance que peu de gens
soupçonnent. Nombreuses sont les rades qui
voient, chaque année, se charger, par centaines
de mille tonnes (bois, cacaos, huiles de palmes,
palmistes, arachides, etc.), des marchandises va-
lant des centaines de millions de francs.

L'Afrique est un continent prodigieusement
riche, il faut qu'on le sache.

A Grand-Bassam, le paquebot laisse une soixan-
taine de passagers de toutes classes et en embarque une vingtaine.

Pendant ce temps, comme à chaque escale,
quelques compatriotes viennent à bord respirer
un peu l'air de France, boire un verre de bière
fraîche et acheter quelques provisions, dont le
navire est bien pourvu.

Enfin, l'*Europe* lève l'ancre et reprend le large,
saluant de trois bruyants coups de sirène les trois
grands vapeurs qui restent encore là; politesse

pour politesse, chacun d'eux successivement répond longuement au salut du paquebot français, et le voyage continue.

En pleine nuit, ce soir, vers vingt heures, nouveau salut avec échange de fusées : c'est le *Tchad*, paquebot des Chargeurs-Réunis, qui, avec l'*Europe* et l'*Asie*, assure le service et qui revient du Sud. On l'attendait, car on connaissait sa position exacte, grâce à la T. S. F. Il va prendre à Grand-Bassam les lettres que nous y avons laissées pour la France. Les deux paquebots, illuminés, se sont bien vite perdus de vue.

1er novembre.

Après une nuit et une matinée passées sous la pluie, ce qui enlève bien du charme à la vie du bord, le temps s'est arrangé; une mer d'huile a remplacé la houle, et le soleil, un peu trop rare depuis quelques jours, a vers midi percé les nuages. C'est par une belle clarté que sont apparues les côtes verdoyantes du Togo.

A quinze heures, l'*Europe* mouillait en face de Lomé, à quelque cinq cents mètres du wharf, bien vite entouré des pirogues habituelles.

4

Un si beau temps permettait d'essayer une des-
cente à terre et d'affronter les oscillations du peu
engageant « panier à salade ». Des circonstances
particulières allaient faciliter la connaissance de
cette capitale du Togo ex-allemand, en la parcourant dans l'automobile du gouverneur, avec cet
auguste personnage au volant.

La visite débute par les hôpitaux dus à l'initiative française, car c'est par l'assistance médi-
cale, si appréciée des indigènes, que le nouvel
occupant se sera fait connaître : hôpital pour les
Européens; hôpital composé de petits pavillons
séparés pour les indigènes, pavillons leur permettant de rester en famille; maternité pour les femmes indigènes, installée avec un souci des choses
que bien des villes d'Europe pourraient envier.

On ne dira jamais assez tout ce que la France,
tout ce que les indigènes doivent à notre corps de
médecins coloniaux. Les noirs de toutes nuances,
si frustes soient-ils, ont su bien vite apprécier
leur science et leur dévouement. Les médecins
coloniaux auront été, depuis l'origine, le facteur
sinon le plus puissant, peut-être le plus durable
de notre influence aux Colonies. Les budgets de
l'assistance indigène ne sauraient être trop largement dotés, il y va de notre mission humanitaire,

mais il y va aussi du développement économique de notre empire d'outre-mer.

Le capital humain est la principale des richesses, quelle que soit la couleur de l'épiderme. Les maîtres du pouvoir, à tous les degrés, ne se convaincront jamais trop de cette vérité.

Bien des erreurs ont été commises, bien des grosses déconvenues ont été éprouvées pour avoir perdu de vue ce qui devrait être un axiome colonial : la protection raisonnée de la santé de l'indigène.

Sous l'impulsion française, et grâce aux initiatives de l'actif commissaire de la République Bonnecarère, Lomé se transforme avec rapidité, les immeubles sortent de terre et de notables indigènes eux-mêmes y édifient de confortables maisons. Plusieurs d'entre eux, se promenant, en famille, — car c'est aujourd'hui jour férié, — et habillés à la dernière mode française, saluent, le plus courtoisement du monde, le gouverneur qui passe.

Ce coin du monde connaît les excédents de recettes sur toute la ligne, au point que les prévisions budgétaires sont plus que doublées dans la colonne des recettes... Quand donc pourrons-nous voir ce miracle au budget de la métropole?

Une visite aux immenses plantations de cocotiers producteurs de la fameuse cocose, un coup d'œil à un vaste et joli édifice public en construction, un arrêt à la spacieuse et confortable résidence du gouverneur, heureusement restée en bon état et non incendiée, en 1914, par son occupant, le duc de Wurtemberg, et l'heure du départ est arrivée; le commandant de l'*Europe* nous le fait savoir par le sifflet grave de sa sirène.

2 novembre.

Nous sommes arrivés de nuit au Dahomey, en rade de Kotonou. Cinq grands vapeurs s'y trouvaient déjà : deux paquebots de Marseille (Cies Fraissinet et Fabre), un cargo américain de fort tonnage, un grand steamer anglais, enfin un vapeur allemand.

Kotonou ressemble aux rades déjà vues : plage sablonneuse, barre, lagune, filaos et cocotiers, c'est toujours cette belle et luxuriante verdure tropicale, dont on ne se lasse pas plus que du spectacle de la mer. Grand mouvement de passagers et de colis divers, amusante et bruyante animation des pagayeurs et des kroumen, visites à bord de tous ceux qui trouvent un prétexte pour y venir.

Parmi les grands attraits de cette visite, il y en a un qu'on ne soupçonne pas, c'est le coiffeur. Placé là, en principe, pour être à la disposition des passagers au cours d'une assez longue traversée, c'est de tous les gens de l'équipage certainement celui qui a le mieux su trouver le « filon ». Assez bien installé, il ne manque ni de clients, ni de clientes, qu'il opère ni plus, ni moins cher qu'en France; mais, dans son esprit, ce n'est pas pour cela qu'il est sur un navire. Son art est l'accessoire, il est surtout négociant, son officine est un bazar. Ce Figaro moderne se trouve doublé d'un psychologue. Il sait quel piètre acheteur sera le passager prévoyant par habitude et muni de tout au départ; d'ailleurs, la Compagnie a fixé les tarifs pour protéger sa clientèle, mais il y a les escales.

Là, point de contrôle; les clients, les clientes surtout ne manquent pas et ne marchandent pas, trop heureux de trouver l'article de luxe absent des factoreries de la côte. Pendant une heure, la petite boutique ne désemplit pas, et telle jeune Européenne démunie, telle jolie créole, venues quelques instants, malgré la barre, le ressac et la

houle, repartent joyeuses, lestées de bas de soie
achetés par douzaine ou d'autres articles du même genre payés au prix fort.

3 novembre.

Au lieu d'arriver aujourd'hui à Daoula, le
retard accumulé en cours de route a permis seulement au navire de longer les côtes de la Nigeria
anglaise. Par ses nombreuses embouchures, le
Niger forme un delta s'avançant comme un cap
dans la mer. Sur la branche la plus occidentale
du fleuve, se trouve Lagos, port de grande importance où accostent les navires du plus gros tonnage. Situé à quelques kilomètres dans la terre,
c'est à coups de millions de livres sterling que les
Anglais en maintiennent l'accès en combattant la
barre. Deux énormes dragues du tonnage d'un
grand paquebot assurent ce travail. Un service
de navigation français, annexe de la Compagnie
des Chargeurs-Réunis, réunit, par des canaux et
des lagunes, Lagos à Porto-Novo, capitale du
Dahomey, et à Kotonou, notre escale d'hier.
Sait-on que la Nigeria compte plus de vingt
millions d'habitants, trente millions peut-être;

que les plus beaux châteaux se dressent le long du Niger, qu'on y trouve le luxe et le confort de nos grandes villes d'Europe; qu'il s'y traite pour plus d'un milliard de francs d'affaires; que cette région est une merveille de prospérité?

DOUALA

4 novembre.

Au point du jour, l'*Europe* arrive à hauteur
du cap Cameroun, qui termine au nord la vaste
baie au fond de laquelle se trouvent la ville
et le port de Douala, centre appelé à un grand
avenir. La presqu'île basse, sablonneuse et ron-
gée par la mer de Souellaba termine au sud cet
immense estuaire de trente kilomètres de profondeur et d'une largeur presque aussi importante.

Plusieurs fleuves et rivières, comportant de
nombreux deltas, aboutissent en ces points à travers d'innombrables îles vertes boisées de palétuviers. Le massif du Cameroun, avec son pic dé-

passant 4.000 mètres, domine le paysage, qu'un ciel, presque toujours assez nuageux, empêche d'embrasser complètement.

En attendant les travaux de dragage projetés, le paquebot postal s'arrête à quelques milles de l'entrée du golfe, après avoir franchi la large passe qui en commande l'entrée.

Un remorqueur du port vient se placer bord à bord, et le transbordement commence; il dure deux grandes heures, et deux heures encore seront nécessaires au petit vapeur pour accoster le quai de Douala.

Ce qui frappe dès l'arrivée, c'est, en même temps que l'activité de la nature, l'activité humaine. On sent le travail partout, des maisons se construisent, les automobiles et les auto-cars circulent (il y en a déjà, paraît-il, une centaine); les factoreries sont pleines d'acheteurs et de manœuvres qui empilent ou sortent des produits de toutes provenances; noirs et blancs rivalisent d'énergie, de vie, d'ingéniosité. La marche en avant est indéniable, quoi qu'en dise la propagande allemande.

Ici, comme ailleurs, de déploiement militaire, point. On peut se demander s'il existe même dans toutes ces colonies africaines françaises un service de sécurité, tellement il est dissimulé, discret.

C'est bien la « paix française », régnant partout sans violence et sans bruit; aussi, depuis un ou deux ans surtout, le Cameroun est-il en progrès très sensible.

Le chiffre de la population blanche, véritable baromètre du développement économique des régions africaines, a doublé en quelques années, depuis l'occupation française, et, chaque semaine, les paquebots déversent de nouveaux arrivants.

Il manquait un hôtel, dont le besoin autrefois ne s'était nullement fait sentir. Cet hôtel existe désormais, il est ouvert depuis quelques semaines et ne le cède en rien à bien des hôtels d'Europe. On poursuit son installation intérieure; il est déjà pourvu de l'électricité, de salles de bains, d'appareils à douches; chaque chambre aux murs ripolinés, aux lits de cuivre, aura bientôt l'eau courante et tous les appareils sanitaires modernes.

De vastes salles pour les repas, pour les concerts (car un jazz-band mécanique de fabrication française est déjà en fonction) admirablement aménagées et aérées, permettent de recevoir de nombreux voyageurs. Un jeune artiste peintre rochelais en termine avec beaucoup de goût la décoration murale.

De nombreuses factoreries s'alignent le long du fleuve Wouri, large de plusieurs kilomètres.

Toujours très intéressantes ces visites de factoreries, véritables fourmilières où l'on voit entrer et sortir toutes espèces de produits, où indigènes et Européens viennent se procurer toutes les choses nécessaires à l'existence.

Ici, pas de spécialisation : mercerie, épicerie, vaisselle, tabac, pharmacie, quincaillerie, vêtements, comestibles, liquides de toutes sortes, lingerie, chaussures, papeterie, etc., etc., tout se rencontre et se débite, et l'on atteint, certains jours, des chiffres de vente considérables.

Le blanc qui vient de débarquer est certain de trouver, avant son départ pour la brousse, tout ce dont il pourra avoir besoin dans son poste isolé.

Mais ce bazar n'est qu'une partie, et non la principale, des préoccupations d'une Société coloniale. Ailleurs, sont les bureaux et le logement du personnel ; ailleurs et en plusieurs endroits, les centres de travail pour la réception, la préparation, la réexpédition des produits exotiques.

Les principaux, ici, consistent dans des billes

de bois de grande valeur généralement, dans les
huiles et les amandes de palme, le cacao, le caoutchouc, le tabac, etc., etc., dont le tonnage aug-
mente chaque année.

Quelques indigènes n'ont pas été longs à se
mettre « à la page », à organiser leurs plantations, à apprendre à discuter fort bien les prix
de vente.

Très curieuse figure, ce chef noir à la barbi-
che grisonnante, vêtu à l'européenne, venu sur
les bords du Wouri, pour vendre à terme, et,
après nous avoir « présenté ses respects », sa pro-
duction de cacao.

5 novembre.

Coucher et lever de bonne heure, telle est la
règle des régions équatoriales pour ceux qui savent se ménager et qui sont désireux de produire.
Abréger les soirées, se placer sous l'inévitable
moustiquaire pour chercher le repos, c'est encore
diminuer les risques de fièvres paludéennes,
moins redoutables aujourd'hui qu'autrefois.

La première nuit passée au Cameroun se
signale par une pluie torrentielle dont les plus
violents orages de France ne donnent qu'une faible idée, pluie se prolongeant fort avant dans la

matinée. On s'explique alors, sous ces averses intenses, que ces contrées soient de beaucoup les plus humides du monde.

Le beau temps reparaît aussi brusquement que la pluie et, jusqu'à la nuit, chacun peut aisément vaquer à ses affaires. Nuit calme, chaude et embaumée, qui réserve au nouveau venu la plus inattendue des surprises, le spectacle des lucioles, sorte de légers papillons, volant à un mètre ou un mètre cinquante du sol en vols brusques, saccadés, ininterrompus, traçant en petits zig-zags une foule de petits éclairs minuscules. On dirait, par centaines, au-dessus des prairies, des fossés, des routes, de partout, autant de vers luisants aux ailes invisibles, qui feraient d'interminables parties pour se distraire.

Comme les vers luisants, ils sont phosphorescents, diamantés, mais, soit leurs mouvements, soit l'éclairement lunaire ou le fond changeant des herbes tropicales, beaucoup apparaissent en teinte de rubis ou d'émeraude, composant un ensemble indéfinissable et charmant...

La journée fut chargée : laborieuse conférence chez le gouverneur; questions délicates à examiner, difficiles souvent à résoudre; elles ne sauraient trouver leur place ici.

Quand on approfondit, même sans creuser beaucoup, ces questions d'administration coloniale,
on s'aperçoit vite du manque d'esprit de conti-
nuité, des retards très préjudiciables aux intérêts
de tous, des hésitations qui ont pour origine les
changements fréquents de ceux chargés de con-
cevoir, de décider les questions principales.

Le gouverneur qui borne à deux années la durée de ses fonctions, sans esprit de retour, est
chose trop fréquente; trop souvent aussi utilise-
t-on des intérimaires réduits à l'inaction. Cette
instabilité, sans importance pour les préfets de
nos départements, est pleine de dangers pour la
bonne administration des colonies; c'est un vice
de méthodes dont les conséquences sont le plus
grave; c'est la principale cause d'arrêt ou de retard dans le développement normal. Partout où
l'on rencontre un essor important et rapide, on
est sûr qu'il coïncide avec un long séjour du
même gouverneur.

Cependant, le Cameroun se suffit à lui-même,
il boucle largement son budget. Il va pouvoir,
peut-être sans emprunt, exécuter pour plus de
cinquante millions de travaux, dont beaucoup
sont en cours; le mouvement est déclanché, la
période des tâtonnements, des hésitations, va

pouvoir se clore. Enfin et surtout, par l'opportunité des mesures prises, il possède, en Afrique, une situation démographique et sanitaire de premier ordre, à donner en exemple.

Par cet été perpétuel qui est l'apanage des régions tropicales, le Cameroun est un privilégié, grâce à ses monts, ses plateaux, ses multiples rivières, grâce aussi à son climat pluvieux; cette contrée peut s'attendre au plus bel avenir. Douala devra devenir un grand port africain.

La ville est bien tracée, largement conçue, abondamment pourvue d'eau; c'est plutôt un beau et vaste parc garni d'habitations qu'une ville; partout de beaux ombrages, de vertes pelouses et des fleurs.

La résidence et l'hôpital sont à cet égard très remarquablement dotés ; toute la gamme des verts, des mauves et des jaunes est dispersée dans les feuillages de leurs jardins; des orangers aux belles oranges vertes, quoique mûres, y atteignent l'ampleur de nos tilleuls de France; les lentana dorés y poussent en vigoureux arbustes fréquemment enlacés d'éclatants volubilis lilas et, avec les rouges ibiscus, constituent la généraralité des haies formant clôture.

Résidence, hôtels, maisons particulières ont

généralement renoncé à l'emploi des clôtures vitrées, afin que jour et nuit circule librement l'air si nécessaire.

Des bungalos munis de stores, sortes de balcons spacieux et ombrés, font le tour de toutes les demeures, abritant des rayons solaires les pièces souvent sans aucune fenêtre.

Il est courant, la nuit, de dormir entre quatre baies largement ouvertes, sans souci des courants d'air et sous le seul abri du toit et de la mousti-quaire.

Les vitriers n'ont certes rien à faire ici, mais que d'entrepreneurs y trouveraient leur compte ! Déjà, un hôtel est ouvert qu'un autre se cons-truit, et des millions de francs de travaux publics et privés attendent des spécialistes pour utiliser, diriger la main-d'œuvre locale.

Particularité bien faite pour faire rêver les ménagères des vieux continents : le service do-mestique est ici on ne peut plus facile à assurer; les cuisiniers abondent et ne manquent pas de talents. Le nègre aux dents blanches, aux yeux rieurs, qui nous sert est, paraît-il, le président d'une sorte de Syndicat des cuisiniers locaux où se discutent les mérites ou défauts des Euro-péens de l'endroit... Cette nouvelle est toute récente, et Gabriel, le dit cuisinier, interrogé, n'a voulu ni avouer, ni infirmer la chose; il s'est contenté de rire joyeusement.

6 novembre.

Tornade et forte pluie encore la nuit dernière et jusque vers dix heures du matin, puis très beau temps. Formé de terre légère, profonde et sablonneuse, le sol a vite fait d'absorber les mares des chemins, les ruisseaux des fossés. La boue n'existe pas, elle ne vient jamais ternir la blancheur des chaussures coloniales.

Un paquebot de Marseille, un grand cargo du Havre sont arrivés augmenter l'activité du port.

Un nouvel examen de la situation fait ressortir encore l'insuffisance des moyens mis à la disposition d'un commerce à rapide développement. Wharfs, quais, terre-pleins, grues, chalands, vedettes et remorqueurs, balisage, éclairage, tout appelle des améliorations. L'initiative privée a, de toute évidence, de beaucoup distancé les Pouvoirs publics, leur apportant, au surplus, des recettes douanières également inattendues. Bientôt, heureusement, les choses vont changer.

En attendant, faute de quais d'accostage, les

noirs, dans l'eau jusqu'aux épaules, transpor-
tent, en file indienne, les sacs de cacao ou de palmistes placés horizontalement sur leur tête et
les apportent près des chalands mouillés plus
au large.

7 novembre.

Nouvelle conférence avec le gouverneur, toujours très instructive; nouvelles recherches et
démarches, entretien avec un autre Rochelais,
promoteur d'une entreprise hardie et qui méri-
terait de réussir. Les risques sont malheureusement parfois très grands dans ces pays lointains,
et les moyens insuffisants. Il faut bien calculer
avant de se lancer; si les profits sont grands, les
erreurs sont coûteuses; il faut aussi, comme partout, avoir un peu de chance avec soi.

Douala possède un dock flottant, qui vient aujourd'hui de soulever un vapeur belge, pour procéder à sa carène; un autre steamer de la même
nation attend son tour. Ce dock, qui reçoit des
vapeurs d'un millier de tonnes, est la providence
de la région, particulièrement pour la flottille du
Congo belge, assez proche d'ici.

A part quelques chalands et remorqueurs appartenant au service du port, seules, deux Compagnies anglaises se sont risquées à amener du matériel flottant; il semble bien qu'on puisse suivre cet exemple. (1)

8 novembre.

Pluie la nuit, pluie torrentielle une partie de la journée; les éclaircies sont vite utilisées, mais ces averses, bienfaisantes pour la végétation, compliquent beaucoup les opérations maritimes. Entre deux averses, visite de Bonabéri, petite localité à l'embouchure du Wouri, à 2.000 mètres environ au nord, en face de Douala; les communications sont assez difficiles.

C'est le point principal du chargement des bois, une des grandes richesses du Cameroun, qui possède quinze millions de kilomètres carrés de splendides forêts. Toutes les essences d'Europe ont ici leur équivalent; il faut y ajouter les bois de grande valeur : acajous divers, ébène, etc. L'exploitation vient d'être reprise et marchera à pas de géant, si rien ne vient la paralyser.

(1) La Cⁱᵉ Delmas frères et Vieljeux vient de mettre en chantiers, à La Rochelle, la construction de tout un matériel de chalands et remorqueur, qui sera bientôt envoyé à Douala.

Ce point écarté du port de Douala ne saurait tarder à voir doubler et tripler son tonnage. Bonabéri a un besoin urgent d'améliorations dépendant des Pouvoirs publics.

Employés, chefs de maisons, fonctionnaires de tous ordres, tout le monde travaille et travaille beaucoup; le paresseux ici, c'est le nègre. S'il y eut jamais une contre-vérité incontestable, c'est certes l'expression « travailler comme un nègre ». Ce dernier a dans le sang une paresse atavique millénaire, il estime le travail dégradant et bon pour les femmes seulement. Il se modifie cependant peu à peu, mais obtenir de lui un rendement un peu satisfaisant ne sera pas, pour longtemps encore, chose facile.

9 novembre.

C'est aujourd'hui dimanche; le travail est partout suspendu; la fourmilière est au repos, on ne rencontre plus personne, chacun restant chez soi. C'est le moment choisi par tous pour la correspondance familiale qu'emportera le prochain paquebot; c'est le jour réservé aux visites, aux quelques relations mondaines, car, durant la semaine, les affaires absorbent tout, et la nuit vient trop vite.

Visite à un autre Rochelais, qui dirige une scierie jointe à une briqueterie et paraît satisfait de son sort; autres visites documentaires et intéressantes, permettant de savoir, par exemple, qu'un jeune avocat et un jeune médecin français, parlant un peu l'anglais, seraient certains à Douala d'avoir une fort belle situation, ceux qui s'y trouvent ne pouvant plus suffire à la besogne.

La distraction de chaque soir est le café. Dès que le soleil est couché, à six heures, on dépose avec plaisir le casque, et une bonne partie des blancs, tête nue, légèrement vêtus, profitent des dernières lueurs du jour pour se rendre à pas lents aux grandes terrasses des deux cafés brillamment éclairés.

En enfants sages, on se livre aux charmes du cinéma, en prenant des rafraîchissements. L'écran n'est pas très grand, ni le film palpitant, mais comment exiger, si loin, des merveilles !

Pendant ce temps, une quinzaine de noirs, dressés par les Allemands, composent un orchestre et jouent passablement de petits airs de cirque. L'ensemble constitue en somme un petit délassement assez appréciable et recherché.

On retourne au logis sous un ciel invraisemblablement étoilé, avec, pour éclairer la route, les lucioles agiles et si joliment lumineuses qui font cortège dans la nuit.

Pour veiller à la sécurité nocturne d'une cité qui s'étend sur plusieurs kilomètres, qui comprend 25.000 habitants et ne possède encore aucun éclairage public, il a fallu trouver une méthode, d'autant que voleurs, cambrioleurs même, ne sont pas inconnus parmi la race noire. Jusqu'à présent, chaque demeure de blanc, chaque comptoir, chaque bureau a sa lanterne et son veilleur de nuit; chacun pourvoit ainsi à sa sécurité. Plusieurs centaines d'indigènes choisis trouvent ainsi le plus recherché des emplois, ne nécessitant qu'une action de présence sous un climat dont ils connaissent l'éternelle douceur.

EN FORÊT

10 novembre.

Par une belle journée un peu chaude, le petit
train franchit en dix heures, après arrêts en
maintes stations, les 160 kilomètres qui séparent Bonabéri de N'Kongsamba. Ces dix heures,
malgré la chaleur et le peu de confort du véhicule, passent assez vite, grâce à l'incomparable
beauté du parcours. Pas de décors de théâtre pour
représenter la variété, la richesse, l'imprévu de
la végétation.

Sans discontinuer, c'est la grande forêt impénétrable aux arbres de soixante mètres; ce sont
des gorges, des étangs tachetés de fleurs de né-
nuphars; ailleurs encore, de beaux arbres tout
chargés d'éclatantes fleurs rouges; on croirait

d'énormes grenadiers ornés de fleurs géantes, on dirait aussi de loin de beaux chênes recouverts d'un tapis vert tigré de rouge. Ce sont des tulipiers.

Train bondé d'indigènes, dont une vingtaine de musiciens qui jouent à chaque arrêt; ils vont à N'Kongsamba fêter le 11 novembre, la date qui mit fin à la guerre. Le petit groupé d'Européens (cinq sur plus de 500 voyageurs) qui occupe le train bénéficie d'un petit wagon de queue, agrémenté d'un petit balcon. Partout, sur le parcours, enfants et adultes saluent, poussant des cris de joie si l'on ne manque pas de rendre le salut. Décidément, c'est partout, jusqu'ici, un sourire accueillant qu'on trouve au Cameroun.

Encore un Rochelais, chef de district du chemin de fer, trouvé en cours de route; lui aussi apporte son concours à l'œuvre de la France dans ce lointain pays.

N'Kongsamba : 19 Européens, dont 15 Français, pour des milliers d'indigènes; importantes factoreries anglaises et françaises; un logement sommaire nous attend. Cela rappelle les cagnas de l'Argonne, mais au pied d'une verte montagne et sans les rats, ni les « marmites » du cauchemar d'alors. Le cuisinier nègre et les boys qui nous accompagnent ne nous laisseront manquer de rien.

Site très reposant que cet endroit à plus de mille mètres d'altitude, dominé de partout, mais assez loin, par de vertes montagnes de trois et quatre mille mètres d'altitude. N'étaient les palmiers, les bananiers et toute cette flore tropicale, on se croirait vraiment sur un plateau des Pyrénées françaises.

Comme partout en Afrique Centrale, toujours deux seuls types de construction : la case de l'indigène, petite hutte en clayonnage, en feuilles de palmiers; l'habitation du blanc et la factorerie, modestes constructions en bois, sans étage et invariablement recouvertes de tôles ondulées.

11 novembre.

Lever de bonne heure, surtout à cause du froid dont on perd vite l'habitude et qui se fait sentir sous ces abris improvisés, à 1.200 mètres d'altitude.

Première excursion dans la forêt équatoriale, à l'ombre de gigantesques futaies; un guide armé précède, précaution inutile sans doute, mais la prudence est devenue une vieille habitude pour l'exploitant de la forêt.

Durant un kilomètre, c'est la partie déjà mise en coupe et d'où sortirent, il y a seulement quelques mois, de magnifiques arbres, dont les plus faibles mesuraient plus de deux mètres de circonférence. Rien ne saurait indiquer au passant que les bûcherons sont passés par là, tant sont beaux, nombreux et touffus les arbres qui restent, tellement la végétation puissante a vite recouvert les racines ou les restes des arbres géants supprimés. La forêt conserve ses richesses et sera pour ceux de demain champ de travail comme elle le fut la veille. Amis des arbres, conservateurs des beautés de la nature, soyez rassurés, les vandales ne sont pas passés par là. Il n'y a pas un arbre sur dix de disparu.

Dans leur modeste, mais confortable et bien comprise demeure forestière, une très accueillante et très aimable Française, courageuse compagne du chef des chantiers, s'empresse auprès des visiteurs.

On a beaucoup calomnié la femme française, en affirmant qu'elle ne pouvait ou ne voulait pas abandonner le doux climat de France. Nombreuses, au contraire, sont celles rencontrées au cours des randonnées africaines, précieuses collaboratrices morales de leurs maris et qui se déclarent satisfaites de cette vie, sans doute un peu sévère, mais, par bien des côtés, très attachante aussi.

Très curieux, très spécial, ce travail d'exploitation de la forêt, où l'arbre à abattre a généralement de trois à six mètres de circonférence et qu'il faut attaquer à plusieurs mètres du sol pour en venir à bout.

Equipe d'abatteurs, de scieurs, d'équarrisseurs, de tireurs, etc., c'est toute une usine en plein air, à l'ombre touffue des arbres millénaires. La mise sur wagons, en pleine voie, de ces énormes billes par une centaine de noirs tirant sur des câbles est une véritable et délicate opération.

12 novembre.

Deuxième journée utilisée à visiter tous les chantiers et à voir l'abatage d'un des géants de la forêt. Depuis deux jours, on y travaille pour que le « Big Big Massa » (traduction libre : « le Grand Manitou ») venu de France soit satisfait.

Le bel acajou est là droit comme un I. Son fût, plusieurs fois centenaire, se dresse lisse et vigoureux pour ne laisser voir les premières branches qu'à une quarantaine de mètres de hauteur, comme on pourra le mesurer tout à l'heure.

Quatre noirs vigoureux, perchés sur un léger échafaudage, frappent en cadence de leurs haches aiguës longuement emmanchées, qu'ils plongent dans une large entaille profonde, évasée, circulaire.

Soudain, la cime de l'arbre penche légèrement, abatteurs et curieux de se mettre aussitôt à l'abri, tandis qu'un bruit formidable, impressionnant, déchire l'atmosphère; le géant s'est arraché de ce qui le retenait encore et, en s'abattant, a brisé, dans un nouveau et formidable tonnerre, une mutitude d'autres arbres de toutes dimensions, avant de frapper bruyamment le sol.

Sous ces voûtes gigantesques, qui laissent à peine filtrer le soleil, on goûterait pleinement le charme de la forêt — sans une rencontre trop fréquente et fort désagréable : à tous moments, on croise, généralement sans les voir, des fourmis cadavres, ainsi nommées en raison de leur forte et persistante odeur *sui generis*.

La journée réservait une surprise inattendue : les noirs, rassemblés pour la paye, déléguaient un des leurs auprès du « Big Big Massa ». Etait-ce pour remercier d'une gratification donnée la veille? Non pas, c'était pour menacer d'une grève ! Porteur d'un papier écrit en français passable et en style très déférent, le délégué venait demander de nouvelles conditions du travail. Le « Big Big Massa », quelque peu pris au dépourvu comme son entourage, remettait au lendemain sa réponse.

Venir sous l'Equateur pour régler des questions de travail et écouter les noirs du Cameroun n'était certes pas au programme d'un voyageur nanti de bien d'autres soucis !

La nuit splendide succède à cette lumineuse et fatigante journée, apportant avec elle le repos dans un concert nocturne spécial, si bien dénommé le murmure ou mieux le chant de la forêt.

A peine le soleil a-t-il, en effet, disparu que, de partout par terre et dans les airs, s'élèvent des voix invisibles et sonores. Par milliers, par millions, insectes, oiseaux, reptiles et animaux divers font entendre sans fin des cris, des chants d'une harmonie berceuse et qu'on ne peut ni définir ni se lasser d'entendre. C'est un concert que rien de discordant ne trouble. Serait-ce que, depuis des siècles, tous les hôtes de la forêt auraient fini par se mettre d'accord pour chanter ensemble la douceur de ces nuits et organiser cet inimitable concert ?

Malgré la solitude du gîte dans ces contrées sauvages, au milieu de cette harmonie si prenante, parmi tant d'êtres invisibles, on a le sentiment qu'on n'est vraiment pas seul. Tous ces hôtes inconnus et bruyants de la grande forêt semblent s'être entendus pour vous faire oublier les choses, vous captiver et vous retenir définitivement au milieu d'eux.

13 novembre.

Encore une journée passée à visiter les chantiers forestiers; il y a tant à voir, tant à apprendre, tant à prévoir.

Le soir, palabres avec les « Head men », sortes de contremaîtres et de chefs pour les noirs. Presque toutes les demandes sont acceptées; beaucoup d'autres améliorations même sont apportées, permettant de mieux récompenser les plus méritants; la satisfaction est générale.

A peine cet incident réglé que s'avance un groupe imposant composé et d'adultes et d'enfants; ils viennent saluer le monsieur venu de

France et, placés en cercle sur deux rangs, l'un d'eux, sur le signe d'un chef, s'avance pour débiter fort bien la petite proclamation suivante, un peu incorrecte sans doute, et dont il laisse une copie :

VIVE LA FRANCE !

La France est ma patrie,
Je viendrai à bien parler sa belle langue,
Je viendrai tous les jours à l'école,
J'aimerai et je respecterai tous les Français,
J'obéirai au Gouvernement parce qu'ils nous apprennent à la connaître et à l'aimer,
La France est ma patrie,
Je l'aime de tout mon cœur, je me crie :

VIVE LA FRANCE !

Ceci dit, un autre sort des rangs à son tour pour réciter la jolie fable du « Loup et de l'Agneau ». Puis tous ensemble chantent *La Marseillaise;* enfin, un chant de bienvenue de leur composition, musique en trois parties, termine cette touchante et inattendue manifestation.

Remerciements très sincères, vives félicitations et distribution à tous de quelques piécettes neuves et dorées récemment venues de France, et tout rentre dans l'ordre en attendant la nuit, toujours si prompte à venir.

Le visiteur a promis d'envoyer de France livres et tableaux muraux pour l'école, qui doivent faire la joie de tous; le colis ne tardera pas.

Car la Compagnie Française du Cameroun a pensé faire œuvre utile et bienfaisante en créant une école au milieu des bois, la première du genre sans doute, utilisant, aux heures de repos, les connaissances de deux ou trois noirs parlant et écrivant suffisamment le français.

Dans ses chantiers et plantations, l'école voisine avec l'infirmerie et le hangar aux vivres de réserve, montrant aux indigènes combien le nouvel occupant a souci de leur sort.

14 novembre.

Forte pluie une partie de la nuit; les masses d'eau qui tombent au Cameroun choisissent heureusement les heures nocturnes, sans cela l'existence en serait bien changée. La pluie cesse avant l'aube, permettant d'entendre à nouveau le chant si captivant de la forêt, un des plus grands charmes de ces régions sauvages. Bientôt, l'heure viendra de quitter ces lieux et d'utiliser les notes

si nombreuses prises au cours du trajet, en vue
d'une meilleure exploitation des richesses équatoriales.

Faute de moyens de transports plus modernes,
une dizaine de porteurs s'emparent des bagages
et partent à vive allure, malgré les charges qu'ils
ont sur la tête. On suit un sentier à travers la
brousse, au sortir de la forêt; une dizaine de kilomètres à faire avant de trouver un moyen de
transport.

Cette brousse, ancienne forêt défrichée et brûlée, est un peu étouffante. Hautes herbes semblables à nos roseaux de France, mais plus chevelues
et verdoyantes; ce sont les plantes à éléphants;
ils s'en nourrissent volontiers; ailleurs parasoliers, véritables parasites des anciennes forêts;
papayers aux fruits goûtés des indigènes; herbes,
plantes, végétations diverses s'entremêlant, se
surplombant, sans qu'en aucun endroit, on puisse
jamais apercevoir la terre.

Rien ne peut exprimer la vigueur de la végétation et, six mois après qu'un coin de bois est
abattu, apparaissent partout des rejets de plusieurs mètres de hauteur. La tige de rosier plantée en terre sans racine donne des roses avant que
deux mois soient passés. Le rejet de bananier re-

piqué avec soin donne des fruits avant l'année finie. Le grand ennemi de beaucoup de cultures est la végétation elle-même, qui envahit tout et contre laquelle, continuellement, il faut songer à se défendre.

Tant de travail de la nature toujours en action, tant de richesses si variées sont peut-être la cause de la paresse des indigènes, si rebelles à l'effort, paresse si invétérée qu'ils l'ont souvent payée par la famine. Que de facilités pourtant pour s'assurer la nourriture ! Une racine de manioc, de macabo placée dans une terre à peine remuée donne six mois plus tard, sans sarclage souvent, une magnifique récolte.

Nourriture principale de l'indigène, le macabo est une plante magnifique. On dirait un arome aux larges feuilles rondes d'un vert clair; atteignant jusqu'à deux mètres de haut, chaque plante fournit plusieurs kilos d'un farineux tubercule rappelant un peu la pomme de terre comme goût, la betterave comme forme.

La canne à sucre voisine avec le bananier ou le maïs; les légumes de France poussent aussi dans maints endroits sur des plateaux élevés et nombreux.

Après plusieurs heures de marche dans la

brousse, un pumpcar arrive fort à propos pour franchir, sur la petite voie ferrée, les derniers kilomètres. C'est un petit wagonnet très bas, permettant à deux blancs de s'asseoir, tandis que, par derrière, quatre noirs pompent vigoureusement, donnant à ce véhicule colonial une vitesse inattendue.

Un vaste horizon se déroule enfin : c'est la plantation de tabac d'une grande Société française; elle comprend deux mille hectares conquis sur la forêt.

Plus de deux mille noirs, dirigés par vingt blancs, venus de France, s'occupent à la culture et à la préparation de la fameuse plante.

Vastes séchoirs où brûlent, jour et nuit, de nombreux feux de bois, grand hangar de fermentation aux rites compliqués, tout est surprise dans cette vaste organisation, et l'on demeure stupéfait de tout ce qu'il faut de travail et de soins avant de faire un bon cigare.

Les Européens d'ici sont des favorisés; loin de tout, cependant rien ne leur manque; ils ont la glace chaque jour et l'électricité; aucun ne changerait sa place pour aller travailler en France, car cette existence a bien vite conquis tous ceux qui la partagent.

15 novembre.

Toujours un peu de pluie la nuit, mais beau le jour, ce qui permet de visiter les plantations. Sur ce qui fut la forêt, abattue et brûlée sur place, de vastes champs bien alignés et bien sarclés; pas une herbe parasite; seuls, les plants de tabac de diverses hauteurs, les uns tout petits et récemment plantés, d'autres de près de deux mètres de haut en pleine récolte, chaque pied fournissant 25 à 3o belles feuilles, chaque hectare fournissant mille kilos de tabac sec et prêt à consommer. Tabac trop beau pour les fumeurs de France, c'est le dollar américain seul qui peut s'offrir ce luxe, car ici, comme dans toute l'Afrique Occidentale et Equatoriale, nos amis des Etats-Unis sont gros vendeurs, gros acheteurs. Quelle erreur de croire leur activité limitée au nouveau continent !

De très beaux palmiers, producteurs d'huile, aux splendides rameaux décoratifs, orneraient ces régions, sans leurs ennemis, les gendarmes, qui dévastent tout, autour des cases indigènes.

Le gendarme, joli petit oiseau, genre moineau, mais pourvu d'un magnifique ventre jaune, rappelant le baudrier du gendarme d'avant guerre,

est le fléau de la palmeraie; sa tête est mise à prix,
mais il pullule tout de même. Cinq à six nids par
feuille de palmier ont vite fait d'anémier, puis de
tuer un arbre. C'est grand dommage, car cet oiseau est fort joli; il est, par surcroît, excellent,
comme son grand aîné, le pigeon vert.

16 novembre.

C'est demain le courrier partant pour la France;
aussi grand travail aujourd'hui, car tout doit
être remis au plus tard cette nuit à la poste. Sans
arrêt, partout plumes, stylos et machines à écrire
sont à la peine, car on attend la dernière minute
pour éviter tout travail prématuré ou inutile.

17 novembre.

Journée ensoleillée qui se termine par un féerique coucher de soleil sur la mer et le mont Ca-
merouun. C'est assez rarement que la cime du
mont apparaît aux regards, les derniers mille
mètres au-dessus de 3.000 étant presque toujours
dans les nuages; c'est, d'ailleurs, sur les versants
de cet énorme massif que le pluviomètre indique,

fait unique sur le globe terrestre, onze mètres de hauteur annuelle des pluies.

Journée utilisée à rédiger dès rapports, à étudier à nouveau le port. Peut-on désigner ainsi une vaste étendue d'eau s'étalant sur deux à trois kilomètres de large et deux fois autant dans la longueur, et de partout entourée de verdure, de forêts de palétuviers surtout ?

Endroit reposant et tranquille, habitat d'échassiers les plus divers, donnant l'illusion d'un vaste lac aux eaux troublées par de fréquents apports des montagnes voisines. Vaste estuaire de nombreuses rivières, seul point vraiment hospitalier d'Afrique, de Gibraltar au Cap; c'est ici que 8o.ooo tonnes de vapeurs de commerce allemands étaient venus chercher refuge pendant l'été 1914, pour y être aussitôt capturés.

Hélas ! tout est à faire ici : jetée, quais, éclairage, terre-pleins, grues, etc. Un seul wharf, quand il en faudrait quatre, quelques remorqueurs essoufflés et des chalands insuffisants.

Heureusement, quelques initiatives privées parent au plus pressé, en attendant l'exécution de commandes enfin passées par les Services administratifs.

Avec ces moyens de fortune, tout porte à croire,

cependant, que le chiffre de cent millions de francs sera dépassé pour le mouvement commercial de l'année écoulée.

18 novembre.

Pluie diluvienne la plus grande partie de la journée, un peu d'accalmie le soir.

Visite du prince Bell, vrai gentleman en apparence, ayant fait autrefois ses études à Berlin et parlant le plus correct français.

Prince déchu après une heure de célébrité et venu simplement aujourd'hui à la Compagnie Française du Cameroun pour traiter la vente des acajous des forêts qui lui restent.

Le roi, son père, fut autrefois choyé par les Allemands, qu'il aimait peu sans doute, car, invité à les suivre lors de l'attaque du Cameroun par une expédition franco-anglaise, il refusa. Quelques heures plus tard, objet d'une sommaire exécution, son corps pendait à la branche d'un des beaux arbres qui ornent l'entrée de son palais.

Encore une journée passée à rédiger les rapports d'une certaine urgence et dont il faut peser les termes, tout autant que les conclusions.

DANS LA BROUSSE .

19 novembre.

Aujourd'hui, beau temps et départ pour la
brousse en direction de l'Est cette fois. Pour le
colonial, la brousse est tout ce qui est en dehors
des agglomérations habitées par les Européens; la
brousse correspond assez à notre expression : la
campagne.

Voyage compliqué, car on utilisera successivement auto, chemin de fer, pousse-pousse, pirogue et *pedes cum jambis.*

C'est aux pieds des grandes chutes de la Sanaga
que deux pirogues nous attendent, frêles embarcations, longues, étroites, creusées dans un tronc
d'arbre et habilement conduites par six rameurs.
L'une prend les bagages assez volumineux : lits

de camp, quelques vivres, rechanges, etc. L'autre embarque les quatre blancs, dont les deux représentants de la Compagnie Française du Cameroun, venus au devant des visiteurs.

Une chaise longue rustique, surplombée d'une toiture en feuilles de palmiers, est réservée, au centre, au principal voyageur, qui se trouve ainsi plus à l'abri des rayons solaires.

Fleuve puissant dans cette saison, roulant ses eaux bourbeuses par huit mètres de profondeur sur près d'un kilomètre de large, la Sanaga, avec ses rives boisées, tantôt surplombées de coteaux, tantôt marécageuses, offre un paysage grandiose et changeant. Des îles, de nombreux méandres, des tourbillons d'écume, des cases au bord de l'eau, des pirogues qui passent, les oiseaux aquatiques, l'attente du crocodile, dangereux pour le baigneur seulement, tout concourt à faire passer rapidement les deux heures de navigation nécessaires pour arriver au but.

Dans les vastes terrains qu'il faut examiner en vue d'éviter le plus d'erreurs possible, tout est à faire ou à refaire. Les deux Français, venus déjà depuis quelques semaines, ont déjà commencé et fait du bon travail, mais l'œuvre est immense; elle est intéressante et captivante aussi.

Ce premier soir, il est trop tard pour rien entreprendre, mais on organise l'emploi du temps et l'on traite de nombreuses questions touchant les indigènes, leur recrutement, le logement de tous, l'évacuation des produits, le ravitaillement d'un nombreux personnel si difficile, quand on est loin de tout et quand, pour les transports, il faut compter sur de simples petites pirogues.

Installation plus que sommaire, mais on s'y fait : deux petites chaises pliantes pour quatre et deux caisses vides composent une partie du mobilier, le reste est à l'avenant. Tout cela changera bientôt.

En attendant mieux, on a paré au ravitaillement, grâce à l'utilisation de pêcheurs et de chasseurs noirs, heureux de trouver l'emploi rémunérateur de leurs talents.

Coucher de bonne heure sous la garde du veilleur de nuit, qui, près d'un feu de bois, ne cesse de fredonner une mélopée en sourdine, avec accompagnement d'un bizarre instrument à cordes de sa fabrication et aussi rustique que lui. On le croirait apparenté aux gorilles qui gîtent non loin de ces lieux solitaires.

C'est aussi, dans ces contrées, au milieu des forêts, que subsistent les derniers pygmés, au

nombre de deux ou trois mille, croit-on. Les plus
grands de ces petits représentants du genre humain ne dépassent pas la taille de 1^m 3o. Les
données sur leur compte sont d'ailleurs assez succinctes, car on les rencontre fort rarement. Est-ce
à cette existence, à l'ombre perpétuelle des grands
arbres touffus, qu'ils doivent leur petite taille?
Ils ne sont cependant pas sans forces, ni sans
courage, car quelques-uns d'entre eux n'avaient
pas craint, tout récemment, de s'attaquer avec
leurs lances à un énorme gorille; ils étaient venus
à bout de ce colosse qui mesurait 2^m 1o, pesait
plus de deux cents kilos et dont on s'était empressé de prendre la photographie à côté de ses
agresseurs.

20 novembre.

De bonne heure, visite d'une partie des plantations depuis dix ans abandonnées et où une
centaine de noirs travaillent à un premier et
sommaire débroussaillement. Il y aura là beaucoup à faire encore, avant de procéder à la saignée des caoutchoucs, à la récolte des amandes
de palmes et des cabosses de cacao. Assez de dégâts dus surtout aux plantes parasites et, peutêtre, à la foudre, au passage des éléphants, à di-

verses causes, mais tout viendra en ordre, et l'avenir est fort rassurant.

La recherche de l'emplacement d'une usine centrale devant répondre à de multiples conditions n'est pas chose facile. Un point est enfin repéré près d'une source indispensable, mais impossible d'y accéder, la jungle étant trop épaisse. On décide de tourner la position par eau, car l'endroit est borné par un lac communiquant avec le fleuve.

Retour au bengalo après quatre heures de marche fatigante et après avoir vu au travail les différentes équipes de travailleurs. On a pris soin de les grouper par villages ou par races, car, pas plus que chez les blancs, la paix ne règne chez les noirs. Il y a au Cameroun plus de dix variétés d'indigènes qui en viendraient aux mains, comme autrefois, si les blancs n'étaient pas là pour les en empêcher. Chez certaines sectes subsistent vivaces des querelles de familles rappelant la vendetta des Corses, et persistent des rivalités qui ne simplifient pas le rôle de l'Administration.

Repas de poisson et d'antilope suivi d'une heure de sieste avant de se remettre en route.

Après-midi, départ en pirogue par une petite

rivière reliant le fleuve au lac impressionnant de calme sous un soleil de plomb.

Il faut une grande heure pour y arriver, malgré le zèle des pagayeurs. Le temps ne dure pas, tant le paysage est séduisant et nouveau; par instants, les arbres géants qui bordent les deux rives rejoignent presque leur chevelure, formant un gigantesque tunnel de verdure, agrémenté de feuillages roses ou rouges fort curieux.

Le premier lac traversé peut avoir dix à douze kilomètres de circonférence; dominé par des hauteurs boisées, il rappelle les plus beaux lacs des Vosges, car, de loin, les forêts qui surplombent peuvent passer pour des massifs de hêtres, de chênes, de sapins même, tant la verdure est d'un vert sombre, épaisse sous une lumière tombant verticalement. Les oiseaux de toutes tailles et de toutes espèces que l'on dérange au passage, quelques rares singes dans les arbres, le bouillonnement des eaux au passage de quelques saurien rappellent vite la latitude sous laquelle on se trouve.

Chemin faisant, grande satisfaction à repérer un vaste coin marécageux tout peuplé de rotins vigoureux. Objet rare, très demandé en France, où on le paie, paraît-il, des prix fort élevés.

À travers ces rotins piquants, il faut toute l'habileté des pagayeurs pour se frayer lentement un chemin sinueux.

Encore quelques centaines de mètres difficiles, vu les dimensions de l'embarcation, qu'il a fallu choisir longue pour avoir assez de rameurs.

Tout à coup, au tournant d'une crique apparaît une toute petite et légère pirogue montée par un vieux pêcheur nègre grisonnant. Il s'arrête médusé et craintif. L'apparition de quatre crocodiles, en ces lieux solitaires, l'eût incontestablement moins surpris que la vue de quatre blancs en un lieu qui n'en avait sans doute jamais vu. Au sourire des blancs amusés de sa frayeur, le vieux pêcheur se rassure; il sourit à son tour dans un soupir de soulagement et salue de la main. L'achat de son poisson achève de lui redonner son aplomb, et il repart joyeux, comme s'il avait échappé au plus grand des dangers.

Enfin, le but est atteint et l'on va pouvoir passer à l'exécution de l'usine.

Vite en route pour le retour et l'on arrive juste quelques minutes avant la nuit.

Site grandiose, car l'installation du personnel est dressée au bord d'un immense plateau, dominant de soixante mètres le fleuve Sanaga, en face

d'une grande île, qui repousse à plusieurs kilomètres, l'autre rive.

Au delà du fleuve s'étend une plaine infinie
et là-bas, très loin, à vingt-cinq ou trente kilomètres, une longue chaîne de montagnes boisées
aussi; quelques pirogues d'indigènes regagnant
hâtivement leur village font, çà et là, de petites
taches noires sur le fleuve jaune. Tout respire le
calme et la sécurité et invite au repos, après une
journée si bien remplie.

La nuit à peine venue, le tam-tam se fait entendre dans le petit quartier réservé aux noirs
arrivés récemment dans ces lieux, depuis dix ans
abandonnés; c'est la première fois, depuis trois
mois qu'existe le petit village nègre, que l'on s'y
livre à la musique et à la danse. Renseignements
pris, si les noirs sont contents, c'est « qu'ils
croient cette fois les blancs revenus pour de bon
et qu'il y aura travail longtemps et toujours
manger, et qu'on pourra faire venir familles ».

Ce besoin de sécurité, si cher aux Français, se
retrouve donc partout, même chez ces peuplades
frustes, imprévoyantes, et pour qui la vie serait
si facile si elles le voulaient. Par insouciance, par
paresse surtout, le noir d'Afrique connaît souvent
la faim sur un sol où il y aurait si peu à faire.

Il ne tiendra qu'à lui demain de changer tout cela, de se vêtir, de transformer son logement. Beaucoup ont commencé, et la transformation s'accuse chaque jour.

Bien plus que l'Arabe de l'Afrique du Nord, le noir d'Afrique Occidentale et Equatoriale est déjà et sera plus encore demain un client précieux pour l'industrie du blanc.

C'est lui, bientôt, qui empêchera le chômage de l'usine, car il deviendra chaque jour davantage un grand consommateur de nos produits les plus divers. Il finira par aimer le travail, après l'avoir méprisé et trouvé dégradant. Profondément imbu d'esprit d'imitation, il travaille déjà pour acheter toutes ces choses que les factoreries offrent chaque jour à sa vue et qui le tentent. Les femmes surtout, libres de circuler, quoique serves et opprimées, ont hâte de pouvoir acheter. Envisagé du point de vue économique, le noir est un client bien autrement précieux que l'Arabe.

Figé depuis des siècles dans des habitudes de vie qui n'ont pas changé, le Musulman n'a pas évolué; il est d'un bien maigre concours pour le producteur blanc. A peu d'exceptions près, les indigènes de l'Afrique du Nord ont les mêmes besoins qu'il y a cent ans et plus. La femme, principal agent de dépenses sous toutes les latitudes, entre peu en ligne de compte en pays musulman, puisque obligée de rester renfermée au logis.

Pour éviter le chômage du blanc, mieux vaut coloniser en pays noir; la vente des produits manufacturés peut y prendre une toute autre allure.

21 novembre.

Départ de bon matin en pirogue sur la Sanaga pour rechercher, le long du fleuve, les meilleurs terrains de culture en vue d'organiser des plantations de cacaoyers et des cultures vivrières pour le personnel. Trois points, d'une cinquantaine d'hectares chacun, sont repérés à trois escales successives; ce sera là une première étape.

Des projets sont formés sur deux vastes plateaux; quelques palabres sont engagées avec plusieurs chefs nègres. L'un d'eux, à peu près nu, nous voyant arriver, est allé précipitamment se coiffer d'un chapeau melon trop grand pour sa tête avec lequel il nous fait le plus large salut.

Ces diverses recherches amènent une fois de plus à constater la négligence, l'incurie incroyable de tous ces indigènes. Laissés, au départ des Allemands, au milieu de plantations très productives dont, sans effort, ils pouvaient tirer des ressources considérables, ils sont immédiatement retombés dans la paresse ancestrale et dans la misère, laissant anéantir, sous leurs yeux, des biens qu'ils n'avaient qu'à entretenir sans effort.

Avant longtemps, il faut que tout soit transformé; l'œuvre à créer est considérable, utile, passionnante, et doit être conduite avec courage et foi dans le succès.

Que de places à prendre encore, que de capitaux français à utiliser, que d'énergies à diriger sur ces régions, énergies sans emploi ou qui s'étiolent en France !

A force de rames, on remonte lentement le fleuve rapide, accompagnés par le chant monotone des pagayeurs; un jeune crocodile aux écailles vertes, se chauffant sur la berge, disparaît à notre approche; on arrive enfin, non sans retard, pour déjeuner et faire une petite sieste réparatrice avant de repartir.

Pour terminer la journée, séance de distribution de vivres : importante cérémonie où la présence d'un chef, et d'un chef blanc, sera assez longtemps encore indispensable.

C'est la corvée quotidienne absorbante et monotone du chef d'exploitation.

Pire qu'un enfant, le nègre est si gourmand,
si imprévoyant, qu'au risque d'être malade, il
mange immédiatement trois jours de vivres, si
on le sert pour trois jours, et reste ensuite sans
manger et sans forces, les deux jours suivants,
d'où la nécessité de distribuer, jour par jour et
homme par homme, la nourriture de tous.

22 novembre.

Lever à quatre heures, car il faut partir aux
premières lueurs du jour pour arriver en temps
voulu et ne pas manquer le seul train qui passe
tous les deux jours. Adieux, remerciements et
souhaits sincères aux deux collaborateurs éner-
giques, laissés ici, et l'on part en pirogues. Sur
l'une les bagages, sur l'autre les deux blancs et
les boys.

Il faut trois heures un peu longues pour re-
monter le fleuve aux nombreux tourbillons
d'écume, et, pendant presque tout ce temps, les
oreilles se fatiguent vraiment à entendre l'incom-
préhensible litanie :

Oh tony voine,
Volé vaugué,

indéfiniment reprise et répétée par les huit rameurs aux pagayes longues et pointues qui ne se lassent pas.

Escale à Edéa, centre administratif et marché important. Le long d'une large route, sous un ciel de plomb, s'alignent les factoreries. Les Européens qui les gèrent ont vraiment du mérite, car l'endroit est ingrat comme température et manque d'agrément.

23 *novembre.*

Retour à Douala et visite aux différentes missions, afin de se documenter. Journée de repos, de réflexion, de détente.

24 *novembre.*

Le beau temps continue; la chaleur se fait sentir, tout en étant très supportable, car le thermomètre ne dépasse jamais, au Cameroun, 28 ou 29 degrés centigrades.

Nouvelle conférence avec le commissaire de la République et étude de questions diverses avec les principaux chefs de service.

25-30 novembre.

Etude de questions, rédactions de différents rapports, travail de bureau et démarches locales, commerciales et autres à Douala.

1ᵉʳ décembre.

Lever avant le jour. On part pour Eseka, point terminus du chemin de fer du Centre, 172 kilomètres vers l'Est. A allure variable, le petit train franchit la distance au milieu de l'impénétrable forêt, dégagée sur une largeur de cent mètres environ de chaque côté de la voie.

Ce dégagement a permis de nombreuses cultures : bananiers et palmiers à huile surtout, un peu de maïs, de manioc, des macabos.

Population nombreuse à chaque arrêt, beaucoup d'enfants pour qui le train est une grande distraction, toujours nouvelle; population de moins en moins vêtue, les femmes surtout, ce qui est loin d'être à leur avantage.

Nature toujours luxuriante, mais ce spectacle, toujours le même, est d'une monotonie qui frappe et lasse les plus admiratifs de la nature.

Eseka, sur un petit plateau, entourée d'une

ceinture de mamelons boisés, est un centre commercial d'assez grande importance en pleine brousse. Le point central est un marché composé de hangars bas et primitifs en feuilles de palmiers. Sous ces abris, se tassent par centaines vendeurs et acheteurs, que la nuit seule arrive à disperser. Tout autour et plus loin s'alignent une trentaine de factoreries. L'Angleterre, à peu près seule, à l'heure actuelle, y est représentée par des immeubles en maçonnerie légère; les autres nations n'y comptent que des comptoirs en bois, sans étage et recouverts de l'inévitable tôle ondulée.

Sous ces abris modestes et si sommaires se brassent cependant d'importantes affaires; plus d'un de ces comptoirs chiffre à dix ou douze mille francs ses ventes journalières.

Si l'on vend beaucoup, c'est qu'on achète aussi beaucoup. De toutes parts, arrivent chaque jour les produits agricoles des environs, que maints indigènes apportent, même de cent kilomètres, par petits fardeaux, sur leur tête, et ce sont, chaque mois, des millions de francs versés aux indigènes. La plus grande partie de cet argent est aussitôt dépensée par les noirs en une foule d'achats divers. Durant des heures, chacun d'eux déambule devant les devantures, demande les prix à chacune des factoreries. Le noir est hésitant; il part, revient, change plusieurs fois d'idée avant de fixer son choix sur un objet, mais il finit toujours par acheter; on dirait même que l'argent lui brûle les doigts, tant il a hâte de s'en débarrasser.

Ce qui paraît, ce qui sort du courant obtient le plus souvent la préférence. L'étiquette cousue mentionnant le prix de vente est un objet de vénération, et tel qui vient d'acheter une casquette neuve est tout fier du petit morceau de carton blanc, vert ou rouge, épinglé sur le bord, et le conserve jalousement. Le ceinturon de cuir, très en honneur, laisse lui aussi toujours pendre son étiquette autour du rein qui le porte.

Le noir qui dirige la factorerie s'est mis en grands frais pour recevoir ses patrons. Il a fait préparer un gâteau, s'est procuré quelques douzaines d'œufs, un poulet et, attention suprême, il a mis quelques fleurs sur la table. Notre cook va donc pouvoir éviter de servir des conserves. Mais Mathieu (c'est le nom du nègre, intelligent, sérieux et dévoué qui dirige la factorerie), Mathieu a son secret. Il attendait le « Big Big Massa », venu de France, pour le lui dire et il

compte sur sa toute puissance pour obtenir satisfaction. Mathieu veut une automobile, non pas
un side-car ou la motocyclette habituelle, c'est
une vraie auto que désire Mathieu. Il la payera
d'ailleurs, car il est bien traité, touche des com-
missions et possède déjà pignon sur rue à Douala.
Il préfère ne plus continuer à devenir capita-
liste, mais avoir son auto.

C'est à grand peine que le « Big Big Massa »
l'amène à renoncer à ce projet.

Ce brave Mathieu n'a pas réfléchi à trois choses
très importantes cependant : la première, c'est
qu'il n'y a pas de routes pour circuler et qu'une
auto lui permettrait tout juste de tourner en cercle
sur dix ou douze kilomètres, ce dont il serait vite
fatigué; la deuxième chose, c'est qu'il n'a pas le
temps; la troisième, c'est qu'il n'a pas calculé la
dépense.

Tout s'arrange pourtant, car, pour donner à
ce collaborateur une satisfaction qui compte, il
est convenu qu'on lui offrira quelques mois de
congé et un voyage en France. Ses yeux s'éclai-
rent à cet espoir et cela lui paraît, en effet, beaucoup mieux que l'automobile; il est ravi.

La question Mathieu réglée, beaucoup d'autres
sont à traiter, avant de prendre place sous la

moustiquaire, ce qu'il faudra faire de bonne heure pour se lever, demain encore, avant le jour.

2 décembre.

Départ au petit jour pour Makak, par le moyen d'un minuscule Decauville représentant ce que l'on peut imaginer de plus sommaire en fait de voie ferrée. Il faut dix heures pour franchir cinquante kilomètres, c'est plutôt long, très long même et monotone, car c'est encore et toujours la forêt.

Véritable trajet en « montagnes russes », tantôt au fond d'un ravin, tantôt 60 ou 80 mètres plus haut sur une croupe. Les tournants dangereux se succèdent, nécessitant, à diverses reprises, des marches à rebroussement assez compliquées. Il est de règle que, plusieurs fois la semaine, un déraillement se produise. La règle aura aujourd'hui même son application, mais, la fonction créant l'organe, le nécessaire se trouve à bord pour rétablir les choses et, en effet, le wagon déraillé est assez rapidement remis à sa place sans que l'incident ait d'autre suite.

N'étaient l'inconfort, la fumée du tracteur, la

lenteur, les secousses, on pourrait se croire sur ces funiculaires qui, durant les beaux jours d'été, permettent aux excursionnistes d'admirer les coins les plus jolis de nos montagnes. Plus chaotiques, cependant, moins grandioses, mais plus verdoyants sont les sites de ces régions équatoriales. Malheureusement, l'impénétrable forêt borne le plus souvent l'horizon à quelques mètres, ne laissant jamais apercevoir ni le sol, ni les arbres au delà de ceux qui bordent le chemin.

Fréquemment, apparaît la future ligne du chemin de fer en construction, avec ses ponts et viaducs audacieux. La nature s'est chargée ici de compliquer les choses. Les traversées des ravins, des ruisseaux, des rivières, ne sont qu'une partie des difficultés; les tranchées, les remblais en sont une autre. Dans ce chaos de montagnes éternellement vertes, que de mécomptes pour les ingénieurs ou les officiers du génie chargés des travaux! Presque chaque fois qu'on y touche, la montagne glisse ou s'effondre sur ses vingt mètres de profondeur de terre ou d'argile et, travail de Pénélope, tout est à recommencer. Il aura fallu sept ou huit ans pour établir une centaine de kilomètres de voies vers l'Est.

Makak apparaît enfin, c'est presque la lisière

de cette immense région forestière, profonde de 250 kilomètres, et c'est bientôt le commencement de régions plus riches encore.

L'endroit est populeux, fréquenté, une dizaine de blancs seulement dirigeant les principaux comptoirs. De constructions, aucune; c'est le règne absolu de la case indigène en bambous et palmiers; les blancs sont encore logés comme les noirs. L'Administration a fait heureusement installer une petite case en torchis et toiture en palmier pour les Européens de passage; cela permet de ne pas coucher dehors, situation risquée dans ce pays aux si fréquentes pluies. On pourra donc installer à l'abri les petites couchettes portatives pour les deux nuits à passer ici.

Un Français aimable (ils le sont tous aux Colonies) a la délicate attention de nous envoyer deux salades et un chou. Jamais bourriche de gibier offerte en France n'a reçu meilleur accueil que ces légumes trop rares dans la brousse.

Makak est un marché, mais c'est aussi un centre de transit. Après des journées de portage, l'indigène vient vendre ici les produits de la terre; peu de routes encore, et les fleuves sont loin pour profiter de leurs pirogues.

Les blancs, qui trafiquent à plus de trois cents

kilomètres de là, vers l'Est, louent aussi des porteurs pour s'approvisionner, pour transporter le
caoutchouc notamment. Bien des produits exigent des mois de transport avant de rejoindre
le chemin de fer ou après l'avoir quitté. C'est par
milliers qu'un fardeau sur la tête, les porteurs
noirs défilent chaque jour à Makak, et ces porteurs sont trop souvent des femmes utilisant alors
la hotte de bambou. L'abus de la femme frappe
ici, comme sur tout le continent africain, et remet
en mémoire le classement musulman de l'espèce
animale. D'abord, il y a l'Arabe; puis, en arrière,
son cheval; ensuite, mais très loin, il y a l'âne;
enfin en arrière de l'âne, il y a... la femme.
Quand on a vu de près ce qu'est le martyre de
l'âne, en pays musulman, on est fixé sur le sort
de la femme !

L'Administration, chez toutes les nations colonisatrices, s'est montrée jusqu'ici impuissante à
réagir contre cette exploitation abusive de la
femme. Une particularité assez curieuse, dès qu'on
s'éloigne de la côte, est la fréquence des Albinos.
Ce sont des nègres blancs, aux cheveux blonds,
que l'on prendrait de loin pour des Européens.
Ce changement de couleur, hélas ! ne les affine
pas, et, hommes ou femmes, ils restent aussi peu

attrayants à voir. Par leur singularité même, ces Albinos apparaissent comme une sorte de déshérités; leur vue inspire presque de la pitié.

3 décembre.

Négociations et décisions concernant l'importante question des transports, qui conditionne tout ici, et départ pour la brousse.

Une belle route, très pittoresque surtout, conduit à Yaoundé, la capitale. Faite par les Allemands, améliorée par les Français, on croirait par moments circuler dans l'allée du plus surprenant des jardins.

Bordée par de nombreux villages aux cases propres et bien alignées, cette route a, en guise de haies, nos plus jolies plantes de serre. Les daturas aux fleurs blanches, en forme de calices renversés, alternent avec des cacias aux grappes jaunes; des cannas rouges aux feuilles lie de vin se mélangent symétriquement avec d'autres arbustes au feuillage rose panaché; en arrière et tout près, de superbes palmiers ou bananiers ombragent le devant des cases abritant du soleil de nombreux enfants qui saluent, rient et crient au passage des blancs.

Route sinueuse, variée, traversant de multiples ruisseaux, des gorges, des vallons, des plateaux et des plaines. Partout, une orgie de verdure et de végétation, et cependant nous sommes sous ce soi-disant brûlant Equateur.

Les palmeraies, les cultures diverses, les bananeraies, les bois, les rizières même se succèdent; la canne à sucre pousse à côté du maïs d'Europe, et la citronnelle, au goût si appréciable, verdoie vigoureusement dans les fossés des routes.

Si paradoxal que cela puisse paraître, quand on connaît la fréquence et l'étendue des incendies de nos forêts en France, la forêt équatoriale ne peut pas brûler; il faut l'abattre d'abord et attendre des mois si l'on veut supprimer un coin de forêt, et, même alors, l'opération est des plus incomplètes et des plus difficiles.

LE RETOUR

4-7 décembre.

Retour et séjour à Douala, négociations, travail et mise au point avant le départ pour la France.

8-26 décembre.

Départ le 8 décembre de Douala pour arriver le 26 à Bordeaux, par le beau paquebot *Asie*, des Chargeurs-Réunis, navire remarquablement conçu et dont l'exécution fait le plus grand honneur aux chantiers de France qui l'ont construit.

Traversées toujours agréables que celles qui se font sous les tropiques, la mer n'y connaissant pas les tempêtes.

Le retour devait nous réserver un spectacle en vain attendu au voyage d'aller et chaque soir guetté au coucher du soleil : la vue du fameux rayon vert.

Plusieurs passagers, vieux administrateurs coloniaux, ne comptant plus leur nombre de voyages dans les différentes mers tropicales, ne l'avaient vu que rarement, le ciel, la mer et l'atmosphère ne réunissant qu'à de lointains intervalles toutes les conditions requises.

C'est par un ciel sans nuage, chose très rare, par temps très clair et atmosphère spéciale que se produit ce phénomène. Il est très court, deux secondes environ, il faut saisir l'instant précis où le dernier petit segment du soleil couchant va disparaître dans la mer. Du rouge-orangé éclatant qu'était le disque, il ne reste plus tout à coup qu'une splendide, éclatante et transparente émeraude de la dimension d'un petit croissant de lune, d'où s'irradie, subitement, le plus impressionnant des faisceaux verts.

Imprévu des voyages : un passager de marque s'embarque au Dahomey, un maréchal de France : le maréchal Franchet d'Esperey. Il vient, avec trois compagnons de choix, de traverser le Sahara; c'est une aubaine pour le bord, où les nouvelles, les distractions sont plutôt rares.

Très alerte, très jeune, malgré ses 68 ans, l'esprit vif, plein de gaîté, de bonhomie, le maréchal a bientôt fait la conquête de tous. Doté d'une mémoire prodigieuse, c'est un conteur plein d'intérêt, et l'on ne s'ennuie vraiment pas à la table du commandant, où il a tout naturellement sa place.

Le raid sensationnel qu'il vient de faire ne pourra manquer de passionner ceux qui en liront le récit, et ce fut une bonne fortune d'en avoir la primeur avec maints détails inédits, parfois un peu risqués, qu'on ne pourra livrer à la publicité.

La vie du bord a aussi ses tristesses; pas plus que les barrières du Louvre, la lisse du navire ne saurait interdire à la mort de visiter les passagers. Un soir, vers les cinq heures, le bruit se répand vivement qu'un décès vient de se produire. Un administrateur des Colonies, jeune encore, a succombé presque subitement, malgré les soins des médecins, à un violent accès de fièvre pernicieuse.

On ne pourra, pour bien des raisons, attendre une prochaine escale pour y laisser le corps, et, d'accord avec les principaux passagers, le commandant arrête les mesures pour une prochaine immersion fixée au jour suivant.

Cérémonie simple, mais émouvante, quand le grand paquebot silencieux s'arrête, isolé sur l'immense Océan, où rien ne paraît à l'horizon.

Sur le pont principal, sous une grande tente formée de voiles, le corps est déposé sur un plan incliné, en face d'un sabord enlevé; un drapeau recouvre la dépouille.

Tous les passagers, le maréchal en tête et tout l'état-major en tenue, se rangent autour du catafalque improvisé.

Un jeune commissaire imberbe lit en latin les prières des morts; le plus ancien fonctionnaire colonial fait un discours d'adieu et, sur un signe du commandant, le corps glisse et disparaît dans la mer profonde, pendant que, par trois fois, sur un ton grave, la sirène rend les honneurs, annonçant à tous que la triste cérémonie a pris fin.

On se retire en grand silence et, toute la journée, l'ombre du disparu semble planer sur les pensées des passagers qui restent.

. . . .

Peu à peu, les choses reprennent leur cours habituel. L'aimable commandant s'ingénie pour distraire son monde et prend lui-même part à de nombreuses parties de tennis sur le pont supérieur du navire : tennis fort simple et dans lequel de petits anneaux en vieux cordages remplacent les balles habituelles, dont l'emploi serait impossible. On lance à la main, par dessus le filet, ces anneaux qu'il faut saisir au vol et renvoyer ensuite. Ce jeu, plus fatigant que le jeu ordinaire, constitue un précieux et très salutaire exercice; aussi ne manque-t-il pas d'amateurs.

A toutes les escales, les drapeaux flottent sur les wharfs, sur les factoreries, partout, car on espère bien avoir, ne fût-ce qu'un moment, un maréchal de France, le seul que l'on ait vu et qu'on verra jamais peut-être entreprendre pareil voyage.

Le maréchal aurait mauvaise grâce à refuser l'invitation que lui transmet la T. S. F. et il se livre aux charmes du « panier à salade », pour aller faire un tour à terre. Musique indigène, vins d'honneur et discours, c'est une joie pour les Français de ces côtes africaines de recevoir un hôte illustre et, tous les blancs, sans distinction de nationalité, font fête à ce grand soldat venu de France.

. . . .

Le mauvais temps fait son apparition par le

travers des côtes portugaises et fait bientôt disparaître l'espoir de passer en famille les fêtes de Noël. C'est même après maintes hésitations que le pilote accepte de franchir la barre de La Coubre, pour permettre à l'*Asie* d'être le 26 décembre à son quai d'amarrage.

LES MISSIONS

Aller au Cameroun sans jeter au moins un
regard sur les missions : missions françaises,
catholiques et protestants, missions protestantes
américaines, serait négliger une source appréciable de documentation.

S'il était permis à un profane de faire un classement parmi les missionnaires, on pourrait établir deux grandes catégories : d'un côté, tous
ceux qui portent leur action chez des peuples
à antiques civilisations, tels les Asiatiques et les
habitants de l'Afrique du Nord; d'autre part,
ceux qui s'adressent seulement à la race noire et
dont le rôle doit être bien différent et l'interven-
tion plus justifiée.

La tâche à accomplir chez nos frères noirs est
immense, et suivant le mot de l'Evangile : « La

moisson serait grande, mais il y a peu d'ou-
vriers. »

Partout où le blanc n'a pas pénétré ou s'il est
presque inexistant, le noir n'a presque pas évolué;
on peut croire qu'il est encore aujourd'hui ce
qu'il était à l'aurore du monde. Aucune assimi-
lation possible avec les autres races, aucune com-
paraison même à quelque point de vue que l'on
se place. C'est l'être primitif, presque un simple
animal à forme humaine et, cependant, la possi-
bilité d'une évolution, assez rapide pour certains,
ne saurait être mise en doute; les preuves en
abondent.

Pour l'instant, de l'avis unanime, le noir est
paresseux, menteur, souvent joueur et vicieux,
ne connaissant d'autres lois que la force dont il
abuse, surtout vis-à-vis de la femme. Entre vingt
et trente ans, la femme noire passe à l'état de
loque humaine; à cet égard, que de réformes à
accomplir !

Envisagé du côté social et humain, comme du
point de vue religieux, cet état de choses ne saurait durer. Si le soldat, l'administrateur, le colon
peuvent faire et font beaucoup pour y remédier,
le missionnaire, désintéressé et par d'autres méthodes, apporte un concours dont on n'apprécie

probablement pas toujours la profondeur et l'étendue.

Si, d'autre part, l'on veut considérer le côté purement matériel et économique, le développement mental, la moralisation du nègre est à souhaiter. Le monde n'a aucun intérêt à ce qu'il y ait des brutes humaines sur la terre.

A un autre degré, l'exemple de la Russie nous enseigne ce que peut devenir un grand peuple volontairement laissé, pendant des siècles, dans l'ignorance et sous le joug, et le dommage qui peut en résulter pour les autres.

Amélioré moralement, le noir deviendra un meilleur producteur; son concours est, pour l'instant, sauf exceptions, de bien maigre valeur.

La concurrence n'est pas à craindre; il ne supporterait pas nos climats et, quant au blanc, il ne saurait, sous les climats d'Afrique, faire autre chose que former des cadres indispensables, les durs travaux lui étant interdits.

Les régions africaines ne sauraient donc devenir contrées de peuplement.

Sorti de sa léthargie séculaire et devenu enfin un producteur véritable, le noir permettra à son frère blanc de recevoir en abondance et moins chers les produits qui lui manquent; le noir peut

simultanément et bientôt devenir un grand consommateur, assurant ainsi du travail à l'usine
lointaine, souvent menacée d'en manquer.

Comme presque toujours, ces divers problèmes
se trouvent solidaires, et l'amélioration des petits
et des humbles ne peut, en fin de compte, que
concourir au bien-être de tous.

Au Cameroun, c'est par centaines de mille que
les noirs, abandonnant leur fétichisme et leurs
croyances ancestrales diverses, sont venus au
christianisme et le pratiquent assidûment.

Apprécier la valeur de leur nouvelle foi doit
être chose quelque peu difficile, mais la plus-
value morale et intellectuelle de ces nouveaux
croyants paraît incontestable. Chez eux, déjà,
plus de polygamie, à moins qu'elle soit clandes-
tine, et ce progrès a la valeur d'une victoire dans
ces contrées.

Beaucoup arrivent à comprendre l'utilité et le
goût du travail, tout en ayant cependant, et dans
tous les domaines, de grands progrès encore à
faire.

A Douala et dans les environs, on peut compter
28.000 indigènes, dont 25.000 au moins sont
baptisés, se répartissant entre 3.000 catholiques
et 22.000 protestants.

Le dimanche, l'église catholique est pleine, et, quant aux onze temples protestants, ils reçoivent aux offices du matin et du soir environ 15.000 fidèles. Des pasteurs noirs et des catéchistes indigènes, catholiques et protestants, secondent les représentants français de ces deux religions, dont le nombre est manifestement insuffisant.

L'action missionnaire s'étend, d'ailleurs, fort loin à plusieurs centaines de kilomètres de la côte et atteindra bientôt un demi-million de noirs; elle ne se limite pas aux questions purement confessionnelles.

Organisations d'écoles où s'enseigne le français, apprentissage de divers travaux agricoles et autres, tout se passe en parfaite harmonie entre ministres des différents cultes et à l'entière satisfaction des pouvoirs publics.

Une mention spéciale s'impose en faveur des missions protestantes américaines, depuis quarante ans installées au Cameroun, à une époque où les risques étaient grands, la protection nulle et les avantages matériels inexistants.

Malgré des circonstances si difficiles, les missionnaires américains ont réalisé, en plein centre africain, une œuvre remarquable, allant jusqu'à posséder une imprimerie équipée par des noirs et qui publie un journal rédigé en dialectes indigènes et en français. On leur doit beaucoup d'autres initiatives, et notamment la fabrication de meubles et de fauteuils qui ont le plus grand succès dans toutes les colonies africaines.

Les missionnaires ont notamment à leur actif d'être les seuls à avoir combattu efficacement la polygamie. Cette plaie de l'Afrique réduit au célibat forcé un grand nombre de noirs et constitue une des raisons principales de la diminution de la natalité dans ces régions.

On cite au Cameroun le cas d'un chef noir qui possède à lui seul 200 femmes. Il y a là au point de vue moral, économique et social d'énormes progrès à réaliser.

Dès l'occupation française, les missions américaines, elles aussi, se sont mises à créer des écoles françaises, et le rapport annuel publié par le Gouvernement français, en 1924, sur l'administration du Cameroun, pour être soumis à la Société des Nations, indique les effectifs suivants pour les indigènes apprenant le français :

Ecoles officielles................environ 2.500 élèves.
    —   catholiques françaises...   —   6.500   —
    —   protestantes françaises..   —   14.800   —
    —   protestantes américaines   —   20.200   —

Des entretiens avec des représentants de ces diverses missions, on retire l'impression que les Américains, avec leurs méthodes et leurs ressources considérables, dominent la situation. On arrive à se demander si, avec les 550 postes admirablement organisés qu'ils ont de par le monde, ils ne vont pas, peu à peu, faire la conquête morale du continent noir et peut-être d'autres régions.

Si leur action ne s'exerce que dans le domaine spirituel, on ne saurait leur reprocher de prendre une place que tant d'autres auraient pu occuper; ils constituent, dans tous les cas, un facteur de développement qu'on ne saurait méconnaître.

Il appartient aux catholiques et aux protestants de France d'examiner s'ils doivent et s'ils peuvent faire davantage. Ils ne doivent pas perdre de vue que ce sont les Allemands, jusqu'en 1914, qui ont défriché le terrain qu'ils occupent aujourd'hui.

CONCLUSION

En toutes choses, le difficile est de trouver la juste mesure. Cette difficulté paraît si grande à surmonter pour ce qui touche aux problèmes coloniaux que ce serait présomption véritable de croire qu'on y a réussi.

S'il faut que les Français sachent tirer parti de leur domaine colonial, il ne faut pas qu'ils en attendent plus de concours qu'il ne peut en donner.

Grave illusion serait la nôtre de considérer à la lettre, suivant la formule du général Mangin, que la France est une nation de cent millions d'habitants. Pour la défense nationale, par exemple, la qualité importe bien autrement que le nombre, et ce serait s'exposer aux plus dangereux des mécomptes que de se reposer sur l'appoint des soixante millions de nos protégés ou sujets d'outre-mer.

Les effectifs venus en France, au cours de la grande guerre, semblent devoir constituer un record qu'il serait peut-être difficile d'atteindre à l'avenir ou tout au moins de dépasser. Beaucoup de ceux qui furent à pied d'œuvre, pour le recrutement des troupes noires, donnent sur ces questions des précisions qu'il faut noter soigneusement.

Quelques millions seulement de Français de plus seraient beaucoup plus profitables à notre sécurité de demain.

Mais, de plus en plus, les nations ont des besoins qui font passer au premier rang les grands problèmes économiques. Sur ce terain, si elle sait profiter des nombreuses richesses de son domaine colonial, la France peut envisager l'avenir avec sérénité.

Il faut que le Français, moins hypnotisé par des questions d'ordre intérieur ou simplement locales, se décide à « se mettre à la page » et accepte, ne fût-ce que mentalement, de s'extérioriser quelque peu. Qu'il s'agisse de pétroles, de bois, de textiles, de ces corps gras dont des centaines de mille tonnes nous sont indispensables, c'est au loin et particulièrement en Afrique qu'il nous les faut aller chercher.

Il ne faut plus qu'on donne du Français qui voyage cette humoristique, mais un peu humiliante, définition : « C'est le monsieur qui est décoré, qui redemande du pain à table et... qui ne sait pas la géographie. »

Qu'on se rappelle l'exemple de la Hollande, cette petite nation, la plus heureuse et peut-être la plus riche du monde pour avoir su là-bas, en Malaisie, mettre en valeur, depuis fort longtemps, des régions très analogues à celles que nous possédons en Afrique.

Qu'on cesse de répéter ou de croire que, seuls, les fonctionnaires médiocres se réfugient aux colonies et que, seuls, certains esprits aventureux, ayant quelque tare ou mal équilibrés, vont y chercher, au risque de leur vie, une fortune plus ou moins aléatoire ou rapide.

Cet état de choses, peut-être partiellement vrai dans un passé déjà lointain, est aujourd'hui bien périmé; la mentalité est toute autre. Les résultats acquis sont là pour proclamer le mérite de ceux, militaires, administrateurs, commerçants ou colons, qui ont su si bien les obtenir. L'on se rappelle le témoignage récent d'un des plus grands publicistes de l'Angleterre, lord Nordcliffe, venant de visiter une grande partie de notre empire colonial : « Quand on a vu l'œuvre extraordinaire accomplie par les Français, écrivait-il, la seule chose qui reste à faire consiste à saluer bien bas. »

Pour ce qui est du Cameroun, la dernière région en date où la France ait eu à établir son autorité, qu'il nous soit permis de reproduire ce court passage d'un rapport récemment adressé au ministre des Colonies, pour rendre compte des missions dont ce voyage avait été l'objet :

« Les Français établis au Cameroun ont répondu à l'appel qui leur avait été adressé quand la France a pris la direction de ce territoire; ils donnent un magnifique exemple d'activité et d'initiative. Ce sont eux, presque seuls, qui ont poussé des antennes dans les régions les plus éloignées, à des centaines de kilomètres de la côte, au milieu des difficultés de toutes natures.

« C'est presque à eux seuls que l'on doit l'exploitation des forêts, la création ou la mise en faveur d'exploitations difficiles (tabac, caoutchouc, palmiers à huile, cacaoyers, élevage du bétail, etc.), les Anglais et les autres se bornant, presque exclusivement, aux opérations purement commerciales.

« Les Français ont donc entrepris — et c'est à leur honneur — les tâches les plus difficiles, mais peut-être aussi les plus durables. »

Janvier 1925.

TABLE DES MATIÈRES

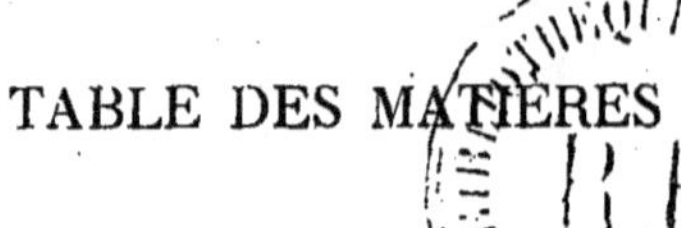

Achevé d'imprimer
sur les presses de
l'Imprimerie MASSON Fils & Cie, a La Rochelle
rue St-Come, 3 bis
le 23 Février 1925